面向大模型的未来教师实务手册丛书　丛书主编　陈向东　范国睿

中小学校管理实务

基于AI大模型的方法

陈兴冶 / 著

华东师范大学出版社
·上海·

图书在版编目（CIP）数据

中小学校管理实务 ：基于 AI 大模型的方法 / 陈兴冶著. -- 上海 ：华东师范大学出版社，2025. -- ISBN 978 - 7 - 5760 - 6136 - 9

Ⅰ. G637 - 39

中国国家版本馆 CIP 数据核字第 2025DT5162 号

中小学校管理实务

——基于 AI 大模型的方法

著　　者　陈兴冶
责任编辑　孙　婷　王嘉明
特约审读　程云琦
责任校对　江小华
装帧设计　卢晓红

出版发行　华东师范大学出版社
社　　址　上海市中山北路 3663 号　邮编 200062
网　　址　www.ecnupress.com.cn
电　　话　021 - 60821666　行政传真 021 - 62572105
客服电话　021 - 62865537　门市(邮购)电话 021 - 62869887
地　　址　上海市中山北路 3663 号华东师范大学校内先锋路口
网　　店　http://hdsdcbs.tmall.com

印 刷 者　上海新华印刷有限公司
开　　本　787 毫米×1092 毫米　1/16
印　　张　10.25
字　　数　182 千字
版　　次　2025 年 6 月第 1 版
印　　次　2025 年 9 月第 2 次
书　　号　ISBN 978 - 7 - 5760 - 6136 - 9
定　　价　69.80 元

出 版 人　王　焰

（如发现本版图书有印订质量问题，请寄回本社客服中心调换或电话 021 - 62865537 联系）

总　序

千帆竞发　万舸争流　勇立潮头

——写给面向大模型的未来教师

范国睿

在科技飞速发展的当代，以大语言模型（Large Language Model，LLM）为代表的人工智能正“千帆竞发，万舸争流”，展现出蓬勃的发展态势。从早期的传统机器学习模型和基于规则的系统，到如今深度学习驱动、参数规模庞大的神经网络模型，大模型在自然语言处理、图像识别、数据分析等诸多领域取得了令人瞩目的成就，尤其在文本生成、智能问答和创意写作等任务上，其表现令人叹为观止。

人工智能的巨轮驶入学校教育领域，激起层层创新的浪花。在教学资源方面，大模型使得从海量资源中筛选优质内容变得更加高效和便捷。教师可以借助智能搜索，从庞大的数据库中精准筛选出适合不同学生群体的教学素材，丰富课堂内容；对于学生而言，个性化学习不再是梦想。智能学习系统能够依据学生的学习进度、知识掌握情况以及学习习惯，定制个性化学习计划，并推送专属的学习任务，以支持因材施教；大模型也进一步推动了虚拟教学环境的发展，使学生能够在模拟的场景中进行学习，从而提高了学习的趣味性和参与度。

未来已来，面对人工智能强势介入，教师必须认识到，在未来世界，教师依然是知识的传播者和学生成长的引路人，拥有人工智能难以替代的情感关怀、价值观引导和创造力激发的能力。但是，教师一定不可忽视人工智能作为未来教师助手的功能与价值，需要与人工智能共生共存共发展，利用大模型提供的数据和分析结果，更好地了解学生的需求，优化教学策略。同时，在与人工智能的协作过程中，教师自身也需要不断学习新的技术和理念，提升数字化素养，以便更好地驾驭智能工具，与 AI 携手共进，共同开创教育更加美好的明天。

从“拒绝-禁止”到“规范-倡导”的转变

2022年11月，OpenAI发布了基于GPT－3.5的对话式语言模型ChatGPT，该模型凭借其强大的对话能力和广泛的知识覆盖面迅速获得关注，成为历史上增长最快的消费者应用程序之一，同时也标志着大语言模型在教育领域的应用进入一个高潮。

实际上，面对ChatGPT的横空出世，教育界最初是持保守态度。2023年1月，美国纽约教育局以“对学生学习的负面影响，以及对内容安全性和准确性的担忧”为由，宣布禁止学生在其学校的设备和网络上使用ChatGPT，以预防学生作弊的行为。同时，包括乔治·华盛顿大学在内的多所高校，教授们开始逐步淘汰带回家的开放式作业，因为这种作业更易受到ChatGPT的影响。作为替代，他们更多选择课堂作业、手写论文、小组作业和口试等方法[1]。在欧洲，法国巴黎商学院、牛津大学、剑桥大学、曼彻斯特大学、布里斯托大学和爱丁堡大学等，都曾出台规定禁止学生使用ChatGPT。

然而，2023年7月以来，随着各种大模型的涌现及其教育应用的不断完善，许多国家和学校已从禁止使用生成式人工智能转变为允许、规范、鼓励和倡导使用。人们对LLM的教育应用持欢迎态度且付诸行动的人越来越多。在美国，一些公立中小学尝试将人工智能融入课堂，将生成式人工智能作为教学辅助工具，用于提高学生学习效率。截至2025年1月24日，美国阿拉巴马、亚利桑那、加利福尼亚、科罗拉多、康涅狄格、特拉华、佐治亚、夏威夷、印第安纳、肯塔基、路易斯安那、明尼苏达、密西西比、新泽西、北卡罗来纳、北达科他、俄亥俄、俄克拉何马、俄勒冈、犹他、弗吉尼亚、华盛顿、西弗吉尼亚、威斯康星、怀俄明等25个州及其教育部门已出台关于在K－12学校使用AI的官方指导文件或教育政策。致力于将人工智能技术应用于教育领域的非营利组织AI for Education将这些文件汇编成包含文字摘要和各州完整指导文本链接的便捷资源[2]。美国密歇根大学购买了GPT－4、GPT－4 Turbo、

1　Rosenblatt K. ChatGPT Banned from New York City Public Schools' Devices and Networks [EB/OL]. (2023－01－06) [2025－02－12]. https://www.nbcnews.com/tech/tech-news/new-york-city-public-schools-ban-chatgpt-devices-networks-rcna64446.

2　AI for Education. State AI Guidance for K12 Schools [EB/OL]. (2025－01－24) [2025－02－12]. https://www.aiforeducation.io/ai-resources/state-ai-guidance.

LIama2 等大模型服务，构建了 UM-GPT [1]，供全校师生免费使用。在欧洲，由牛津大学、剑桥大学、伯明翰大学等 24 所英国顶尖高校组成的罗素大学集团（The Russell Group）联合发布了在校园使用生成式人工智能工具的全新原则。只要“以合乎道德和负责任的方式”，学生可以使用 ChatGPT 等人工智能工具完成作业和规划评估 [2]。荷兰代尔夫特理工大学尝试将生成式人工智能辅助教学技术应用于课堂，提高学生的参与度和教学质量。此外，澳大利亚教育部也宣布，从 2024 年起，允许所有学校使用包括 ChatGPT 在内的人工智能技术 [3]。

大语言模型在教育领域的应用引发了国际组织和主要发达国家的广泛关注。各国和国际组织纷纷出台政策文件，旨在支持和规范 LLM 在教育中的应用。人们对生成式人工智能从“拒绝-禁止”到“规范-倡导”的态度转变，得益于国际组织和主要发达国家的政府和教育行政部门在教育政策上的转变与推动，以及相关大学的努力。

2023 年 11 月 1 日，中国、美国、英国在内的 28 个国家及欧盟在全球首届 AI 安全峰会上共同签署了《布莱切利宣言》（*The Bletchley Declaration*），承诺以安全、以人为本、值得信赖和负责任的方式设计、开发、部署和使用 AI，指出，“现在正是一个独特的时刻，需要采取行动申明人工智能安全发展的必要性，并采取包容的方式，将人工智能的变革性机遇应用于我们各国和全球已为人类带来福祉，如卫生和教育、粮食安全、科学、清洁能源、生物多样性和气候等领域，以实现人权的享受，并为实现联合国可持续发展目标付出更多的努力。”[4] 该宣言是全球第一份针对

---

1 University of Michigan. UM Generative AI Guidance [EB/OL].（2023 - 08 - 21）[2025 - 02 - 12]. https://genaiumich. edu/guidance/students.

2 The Russell Group. New Principles on Use of AI in Education [EB/OL].（2023 - 07 - 04）[2025 - 02 - 12]. https://www. russellgroup. ac. uk/news/new-principles-on-use-of-ai-in-education.

3 The Guardian. Artificial Intelligence Such as ChatGPT to Be Allowed in Australian Schools from 2024 [EB/OL].（2023 - 10 - 06）[2025 - 02 - 12]. https://www. theguardian. com/australia-news/2023/oct/06/chatgpt-ai-allowed-australian-schools - 2024.

4 Prime Minister's Office UK, et al. The Bletchley Declaration by Countries Attending the AI Safety Summit [EB/OL].（2023 - 11 - 01）[2025 - 02 - 12]. https://www. gov. uk/government/publications/ai-safety-summit - 2023 - the-bletchley-declaration/the-bletchley-declaration-by-countries-attending-the-ai-safety-summit - 1 - 2 - november - 2023.

人工智能技术的国际性声明，强调了人工智能技术在教育等各个领域的潜在风险和治理路径。宣言呼吁构建开放透明的人工智能治理体系，建立动态化监管机制，并推动国际合作。

国际组织的倡议。以联合国教科文组织为例，为了应对 ChatGPT 等生成式人工智能工具给高等教育领域带来的巨大机遇和安全、伦理、政策等诸多方面的挑战，于 2023 年 4 月颁布《高等教育中 ChatGPT 和人工智能：快速入门指南》（ChatGPT and Artificial Intelligence in Higher Education：Quick Start Guide）。指南以 ChatGPT-3.5 为例，探讨了 ChatGPT 的功能、工作原理与操作方法，描述了 ChatGPT 在高等教育中的应用图景，强调了人工智能在高等教育中的一些主要挑战和伦理影响，重点论述了人工智能应用对学术诚信、隐私保护、认知偏见、可及性差距、商业化风险等方面的影响和问题，并提出了高等教育机构可以采取的应对策略。同年 9 月，联合国教科文组织发布《生成式人工智能教育与研究应用指南》（Guidance for Generative AI in Education and Research），该指南是全球首份生成式人工智能相关的指南性文件，旨在促使生成式人工智能（GenAI）能够更好地融入教育。指南全面地分析了 GenAI 产生的争论及其对教育的影响，促进在教育和研究中创造性地使用 GenAI；呼吁各国政府通过制定法规、培训教师等，规范生成式人工智能的教育应用。这些政策的发布，显示了在政策限度内有序开放生成式人工智能教育应用是必然趋势；建议教育机构在使用 ChatGPT 等工具辅助学习之前，应对其进行验证，以确保其安全性和可靠性。该指南为教育机构提供了具体的操作建议，帮助其在利用 LLM 技术的同时规避潜在风险，推动了生成式人工智能在教育领域的合理应用。

发达国家政府与教育行政部门的政策规范与支持。2023 年 5 月，美国教育部发布研究报告《人工智能与教学的未来：见解与建议》（Artificial intelligence and the future of teaching and learning：Insights and recommendations）[1]，旨在促进教师、教育领导者、决策者、研究人员和技术研发人员协力解决人工智能在教育应用中出现的各种政策性问题。报告对教育领导者提出了七条政策建议：确保“人在回路中”，将人类（教师、家长、学生、政策制定者、教育管理者等）参与置于人工智能教育应用的核心位置；将人工智能模型与共同的教育愿景结合起来；使用现代学习原则

1 U. S. Department of Education，Office of Educational Technology. Artificial Intelligence and Future of Teaching and Learning：Insights and Recommendations [EB/OL].（2023-05-22）[2025-02-12]. https://www.ed.gov/sites/ed/files/documents/ai-report/ai-report.pdf.

设计人工智能，使人工智能的应用不仅要关注学习者的不足，还要识别学习者的长处并提供改进方案，使人工智能的应用建立在合作和全面学习原则的基础上，不仅要利用人工智能发展学生的认知能力，还要培养其社会技能，创造具有文化可持续性的人工智能系统，确保人工智能支持的学习资源适用于残疾学生等在内的弱势群体；加强对技术的信任，建立新兴教育技术的可信度标准，以使教育工作者、技术创新者、研究人员和政策制定者更好地合作；让教育工作者了解并参与到人工智能教育系统的设计、开发、测试、改进、使用、管理等每一个环节；将研发重点放在解决情境问题和增强信任与安全性上，人工智能模型善于理解和处理情境，并确保学习者在不同环境中使用的人工智能模型都是有效、安全和可信的；制定专门的教育指南和防护措施，以确保在教育领域安全有效地使用人工智能。2025 年 1 月，美国教育部教育技术办公室发布《驾驭中等后教育中的人工智能：未来之路的能力建设》（Navigating Artificial Intelligence in Postsecondary Education: Building Capacity for the Road Ahead）报告，指出，人工智能的进步可能会对中等后教育机构具有双重作用：一是战略性地利用人工智能，帮助所有学生，特别是那些历史上服务不足的群体，更多地获得高等教育并取得成功；二是让中等后教育学生为人工智能驱动的创新所塑造的不断变化的职业前景做好准备。报告建议，制定透明的政策，说明如何利用人工智能支持中等后教育环境中的业务活动；创建或扩展基础设施，以支持人工智能在教学、学生咨询和支持以及评估方面的创新应用；严格测试和评估人工智能驱动的工具、支持和服务；寻求合作伙伴，设计和迭代测试教育应用中的人工智能模型；审查、调整和补充人工智能影响未来工作和职业机会的课程设置。

英国教育部于 2024 年 1 月发布《教育中的生成式人工智能》（Generative AI in education）报告，内容涵盖了生成式人工智能技术在教育领域的应用、影响、机遇、挑战和建议策略，从战略规划、利益相关者的合作、证据建设、学术诚信、劳动力需求、安全、隐私、数据保护和技术部署等多个方面，提出了教育部门希望从政府和相关机构获得的支持和建议，以确保 GenAI 技术的安全、有效和负责任地在教育中应用[1]。2024 年 8 月，英国教育部发布《生成式 AI 的教育用例：用户研究报告》（Use Cases for Generative AI in Education: User Research Report），探索了生成式人

1 Department for Education, UK. Generative Artificial Intelligence in Education [EB/OL]. (2024-01-24) [2025-02-12]. https://www.gov.uk/government/publications/generative-ai-in-education-educator-and-expert-views

工智能在教育领域的潜在应用，指出大语言模型天生擅长提供反馈；使用生成式人工智能“给自己批改作业”是一种有效的评估技术。

此外，日本文部科学省于2023年7月发布《关于在初等中等教育阶段使用生成式人工智能的暂行指南》，为生成式人工智能在中小学教育应用指明了行动方向，并立足生成式人工智能的本质内涵和应用理念对其在中小学教育应用进行了全景刻画，明确提出生成式人工智能之于中小学教育应用的重要举措和核心关切。指南旨在为学校提供参考，以便在教学和校务管理中合理、安全地使用生成式AI，内容涵盖生成式AI的基本概念、在教育中的适用性、信息素养培养、学校行政管理中的应用，以及涉及个人信息保护、教育安全与版权问题的注意事项[1]。12月26日，文部科学省发布第二版《初等中等教育阶段生成式人工智能利用指南》（Ver. 2.0）[2]，进一步强调AI教育应用的人本原则：AI的利用不应侵犯基本人权，而应扩展人类能力，促进多样性和可持续性。AI的利用应有助于学生学习和教育目标的实现，而非作为目的本身；教师需要理解AI的机制和特点，以在教育中有效利用AI；强调信息利用能力的重要性及其培养，包括知识技能、思考力判断力、学习力和人性。

随着全球人工智能技术的飞速发展，教育领域逐渐成为AI创新落地的重要场景。然而，我国中小学在普及人工智能教育过程中，仍面临资源配置不均、师资力量不足、城乡差距明显等诸多现实问题。截至2023年底，全国具备AI相关教学资源的学校比例不足30%，特别是在农村和边远地区，这一比例更低至10%。科技部在2022年8月发布“关于支持建设新一代人工智能示范应用场景”的通知（国科发规〔2022〕228号），要求针对青少年教育中“备、教、练、测、管”等关键环节，运用学习认知状态感知、无感知异地授课的智慧学习和智慧教室等关键技术，构建虚实融合与跨平台支撑的智能教育基础环境，重点面向欠发达地区中小学，支持开展智能教育示范应用，提升优质教育资源覆盖面，助力乡村振兴和国家教育数字化

1 文部科学省初等中等教育局. 初等中等教育段階における生成AIの利用に関する暫定的なガイドライン［EB/OL］.（2023－07－04）［2025－02－15］. https://www.mext.go.jp/content/20230718－mtx_syoto02－000031167_011.pdf.

2 文部科学省初等中等教育局. 初等中等教育段階における生成AIの利活用に関するなガイドライン（Ver. 2.0）［EB/OL］.（2024－12－26）［2025－02－15］. https://www.mext.go.jp/content/20241226－mxt_shuukyo02－000030823_001.pdf

战略实施[1]。2024 年 11 月，教育部发布《关于加强中小学人工智能教育的通知》（教基厅函〔2024〕32 号），明确了人工智能教育在中小学普及的目标和具体路径，力争到 2030 年实现全面覆盖。为有效推动中小学人工智能教育的全面实施，教育部提出了构建系统化课程体系、推进常态化教学与评价、开发普适化教学资源、建设泛在化教学环境、推动规模化教师供给、组织多样化交流活动六项任务，并通过一系列举措为人工智能教育的落实提供保障。在 2025 年 1 月教育部发布的《中小学科学教育工作指南》中指出，开拓生成式人工智能大模型在科学教学中应用的新场景，利用智能装备为科学教学创设沉浸式学习环境，借助自适应学习引擎实现学习路径的个性化定制与学习资源的适配推送；利用数据分析技术提升教学评价的精准化水平，将数字技术等智能化手段引入实验操作考试，提高实验考查的可行性和有效性[2]。

大学的规范与推进。为了支持学校师生安全、合乎道德和有效地使用生成式 AI 工具，美国哈佛大学教育研究生院创意计算实验室发布《学生自主项目中的 GenAI：建议和启示》（Generative AI in Student-Directed Projects：Advice and Inspiration）[3]，该指南基于学习设计专业学生的经验编写而成，展示了 GenAI 在支持学生创造性自主项目（以学生自主性、批判性思维和解决问题为重点）背景下辅助教学和学习的有效方法。该指南强调了新技术带来的机遇和困难，并提供了建议、策略和使用时需要注意的一些事项。美国耶鲁大学发布《面向教师的人工智能指南》（AI Guildance for Teachers）提供了有关探索生成式 AI 工作原理的指导，以及如何利用生成式 AI 调整当前教学的建议。同时，为教师提供使用建议、阅读清单、教学示例和相关活动资源。美国康奈尔大学发布《教育与教育学中的生成式人工智能》（Generative Artificial Intelligence for Education and Pedagogy），为生成式人工智能在

1 科技部. 科技部关于支持建设新一代人工智能示范应用场景的通知：国科发规〔2022〕228 号［EB/OL］.（2022－08－12）［2025－02－10］. https://www.gov.cn/zhengce/zhengceku/2022-08/15/content_5705450.htm.

2 教育部办公厅. 关于印发《中小学科学教育工作指南》的通知：教监管厅〔2025〕1 号［EB/OL］.（2025－01－14）［2025－02－10］. https://www.gov.cn/zhengce/zhengceku/202501/content_7000414.htm.

3 Brennan K，Haduong P，Kolluru A，et al. Generative AI in Student-Directed Projects：Advice and Inspiration［EB/OL］.（2024－12－17）［2025－02－10］. https://creativecomputing.gse.harvard.edu/genai.

教育情景下的应用提供指导方针和建议。同时，指南还评估了生成式人工智能在教育环境中的可行性、优势和局限性，及其对学习成果的影响。美国弗吉尼亚大学发布《教与学中的生成式人工智能》(Generative AI in Teaching and Learning)，旨在帮助教师了解高等教育中的生成式 AI 环境，包括什么是生成式 AI，生成式 AI 用于教学支持、学习支持、课程设计、学习评估中的方法，如何与学生交流生成式 AI 工具等。英国剑桥大学发布《我们如何使用生成式 AI 工具》(How we use generative AI Tools)，介绍了如何借助生成式 AI 实现文本生成、图像生成、音频/视频生成，并提出了使用生成式 AI 存在的隐私风险。英国伦敦帝国理工发布《生成式人工智能和教育应用指南》(Generative AI & Education Guidance Hub)，提出知识、透明度和创新是推动生成式 AI 应用的关键原则，并为学校师生提供了教学工具包、应用案例、培训活动、道德要求和常见问题解答。德国图宾根大学发布《生成式 AI 工具使用指南》(Guidelines for using generative AI tools)，详细阐述了在教学和评估场景中应用生成式 AI 的方法和要求，其目标是实现对 GenAI 的批判性、反思性、透明性和负责任地使用。日本早稻田大学发布《关于生成式人工智能的使用》(About the Use of Generative Artificial Intelligence (ChatGPT, etc.))，阐明了对待生成式人工智能的基本态度，并说明了生成式人工智能的特征、用途和局限性，强调要充分了解新技术的多面影响，扩大积极影响、遏制消极影响。美国密歇根大学的《U-M 学生生成式人工智能指南》、美国巴纳德学院的《生成式人工智能学生指南》(Student Guide to Generative AI)、美国圣克拉拉大学的《在校园内合乎道德地使用生成式 AI 的指南》(Guldelines for the Ethical Use of Generative AI (i. e. ChatGPT) on Campus)、中国香港理工大学的《生成式人工智能(GenAI)学生使用指南》、中国香港科技大学的《生成式人工智能与教育》、中国上海交通大学的《生成式人工智能教师使用指南》、中国西南交通大学的《生成式 AI 写作指南》、中国华东师范大学的《生成式人工智能学生使用指南》等，纷纷发布相关应用指南，以帮助教师和学生规范、科学地使用生成式人工智能。

总之，国际组织、各国政府和教育行政部门以及大学的政策与文件规定，普遍强调了 LLM 在教育领域的潜力，推动了教育模式的创新和变革。这些工作在一定程度上规范 AI 的技术应用，为 LLM 在教育中的应用提供了明确的规范和指导，帮助教育机构规避潜在风险，如隐私保护、数据安全和伦理问题。与此同时，强调了教师在教育数字化转型中的重要性，推动了教师数字化能力的提升，为 LLM 技术的有效应用提供了保障。这些政策文件的发布，同样有助于引导社会对 LLM 技术的正确认知，避免过度恐慌或盲目乐观，促进技术的健康发展。

大模型的教育应用场景

诸多大型语言模型已广泛应用于中小学教育，例如个性化辅导、自动评分、语言学习和教育聊天机器人等方面，其技术潜力在于提升学生的学习效果、赋能教师，以及实现个性化和可扩展的教育。显然，2022 年 11 月以来，ChatGPT、Claude、文心一言、讯飞星火，包括近期爆发的 DeepSeek 等模型，被集成到多种教育工具中，广泛应用于个性化学习、智能辅导、教学辅助、学习分析等多个教育场景。例如，个性化辅导：大模型可以与学生进行一对一对话，解答问题、解释概念并提供定制化反馈；写作辅助：像 Grammarly 这样的工具使用基于 GPT 的模型提供语法修正、风格改进建议和抄袭检测；语言学习：GPT 模型被用于语言学习应用，生成习题、回答语言相关问题，并提供对话模拟练习。

个性化辅导：LLM 已经被集成到个性化辅导平台中，为学生提供实时帮助。这些系统通过提供定制化反馈、解答问题和引导学生学习材料来支持个性化学习。Khan Academy 与 OpenAI 合作，将 GPT 模型集成到其 Khanmigo 辅导系统中，帮助学生解答各类学科问题并提供实时反馈。Google 的 Socratic 利用 AI 技术帮助学生解决数学、科学、历史和英语等学科的难题。学生可以拍照上传作业（学生作业或问题扫描），Socratic 提供逐步的具体解决方案与步骤，帮助学生理解并解决问题。一些教育科技公司开始开发基于 LLM 的虚拟实验室和沉浸式学习环境。Labster 利用 LLM 技术创建的虚拟实验室，让学生在虚拟环境中进行科学实验，增强实践能力，从而在丰富教学方法与手段的同时，使学生在互动中拥有更加生动的学习体验。

自动化作文评分与反馈：LLMs 可以协助评分和提供书面作业的反馈。Turnitin 使用先进的自然语言处理和机器学习模型（类似于 GPT）对作文进行评分并检测抄袭，提供学生写作的自动反馈，它帮助教育者批改论文、检测抄袭并提出写作改进建议。Turnitin 被广泛应用于学校，自动检测学术不端行为并协助写作反馈。Grammarly 基于 GPT 模型提供语法、风格和语气的改进建议，帮助学生不断提高写作水平。这些系统不仅节省了教师的时间，还能为学生提供即时反馈，促进更加持续的学习过程。

语言学习辅助：LLMs 在语言学习中得到了广泛应用，它们通过互动对话和练习帮助学生提高听说读写能力。Duolingo 是全球最受欢迎的语言学习平台之一，利用 LLM 生成适应学习者能力水平的练习。这种方法不仅提供互动练习，还能即时纠正错误，促进语言学习的参与感和高效性。Microsoft 通过其 Azure OpenAI 服务将 GPT 模型集成到教育工具中，提供开发者访问 LLM 的能力。学校和教育科技公司利用这些模型创建个性化学习体验、语言练习工具和自动评分系统。Microsoft 的 Teams for Education 集成了 AI 功能，如智能助手、语言翻译和自动生成摘要，来支持学生和教师。

对话与理解：许多发达国家的学校已经使用 LLM 作为聊天机器人，增强学习体验并快速、准确地回应学生的提问。这些聊天机器人通常集成在学习管理系统（LMS）中，帮助学生解决数学和科学等学科的复杂问题，分解难懂的概念以增进学生的理解，促进互动学习、解答学生疑问、辅导作业，并为教师提供教育资源。IBM 的 Watson Education Classroom 已经在 K－12 教育环境中得到广泛应用，支持个性化学习。该 AI 聊天机器人充当辅导员，回答学生问题并提供额外的学习资源，帮助弥补课堂教学和独立学习之间的空白。沃森教育课堂通过个性化学习体验将教育带入认知时代。理解、推理和学习的认知解决方案帮助教育工作者深入了解每个学生的学习风格、偏好和才能。大模型在教育聊天机器人、虚拟辅导和研究应用中具有很大的潜力，可以用于学生支持，解答学术问题，并提供帮助解释复杂概念的功能，提升学生的学习效果。

学术研究：Meta 的 LLaMA 模型是一个开放权重的语言模型，旨在用于各种领域的研究和应用，包括教育领域。

教师专业发展支持：LLMs 还支持教育工作者，提供专业发展工具，帮助教师改善课程设计、课堂管理和教学策略。TeacherBot 是英国剑桥大学的研究人员开发的聊天机器人，以帮助教师改进教学策略，提出课程建议、推荐资源，并提供实时的课堂管理建议。

辅助有特殊需求的学生：LLMs 还可以帮助有特殊需求的学生，使他们能够更好地接触到课程内容并有效沟通。Microsoft 的 Seeing AI 通过 AI 技术辅助视障学生，实时描述物体、文本和人。在教育领域，它帮助视障学生阅读书籍和访问课堂材料。

近年来，国产大语言模型如雨后春笋般喷薄而出，在中小学教育领域的应用逐渐成熟，许多公司和机构开发了在智能辅导、个性化学习、语言学习、作业批改和教师支持等领域各有特点和优势、符合不同教育需求的模型，推动了个性化学习、在线辅导、智能评估等方面的创新。国产大语言模型正以各自的优势使其在中小学教育中的应用不断深化，百度的文心一言、华为的昇思、阿里的通义千问、讯飞的星火等模型，在对中文理解和知识增强能力、跨平台支持和多模态能力、语音识别、大数据和知识图谱方面各有千秋，而横空出世的DeepSeek又可能将大模型的教育应用推向新的高度。

国产大模型DeepSeek引发AI教育应用热潮

2025年1月20日，国产大模型DeepSeek－R1正式发布并开源模型权重，以性能卓越（DeepSeek－V3在知识类任务上水平提升，接近Claude－3.5；在数学、代码和推理任务上可与OpenAI－o1媲美）、训练成本低（DeepSeek－V3预训练仅使用2048块GPU训练2个月，花费557.6万美元，远低于GPT－4等大模型）、功能多样（能实现语义分析、计算推理、问答对话、篇章生成、代码编写）等优势，震动了整个业界。DeepSeek上线以来，其凭借强大的功能和创新的应用场景，其用户数量呈现爆炸式增长。虽然正值农历春节假日，DeepSeek引发的人工智能教育应用热潮却如火如荼。

与其他教育类大模型相比，DeepSeek具有以下独特优势。(一)准确性高：网易有道的数据显示，DeepSeek在有道K－12测试集上的准确度达88%，领先于OpenAI－o1 mini、GPT－4o以及网易有道自主研发的推理模型“子曰－01”，能为学生提供更准确的知识和解答。(二)推理能力强：DeepSeek－R1展现出较强的推理能力，具备复杂问题处理、多步骤逻辑推导和上下文关联分析的能力，使其在教育辅导等需要严格逻辑支撑的场景中具有更高的实用价值。比如在解决数学难题、分析复杂的文科问题时，能展现深度思考的过程，帮助学生学会主动思考。(三)训练与推理速度快：通过分布式训练和优化算法，显著提升了训练效率，可在更短时间内完成模型的训练。在推理阶段，又通过模型压缩和加速技术，实现了更快的推理速度，适合实时应用场景，如在线实时答疑、智能辅导等，能及时响应用户需求，提供快速准确的解答。(四)数据处理快：能够高效处理大规模数据集，支持文本、图像、音频等多种数据格式，并在数据清洗、预处理和特征提取方面表现优异，这使得它在处理丰富多样的教育资源，如多媒体教学资料、学生学习行为数据等方面具有很大优势，能更好地为教学提供支持。此外，因开源而降低技术门槛，推动全球开发者自由探索与创新，能加速开放、共创与快速迭代的“人工智能＋教育”生态建设，开发者可以基于其开源代码进行二次开发，为教育应用带来更多的创新可能性。

DeepSeek引发人工智能教育应用热潮，吸引诸多教育机构纷纷在自己开发的教育系统中接入DeepSeek。2025年2月以来，学而思、网易有道、中公教育、希沃、小猿、高途等头部教育机构密集宣布接入DeepSeek大模型。网易有道于2月6日宣布其AI全科学习助手“有道小P”结合DeepSeek－R1优化个性化答疑功能，旗下Hi Echo、有道智云、QAnything等产品也将全面接入；云学堂、科大讯飞、弈小象、读书郎、佳发教育、优学派等数十家教育企业公开表示在各自产品中接入DeepSeek。学而思“随时问”App深度融合DeepSeek R1，能够实时判断题目对应的学科、年级和考查范围，精准匹配该年级的知识范畴和解题方法，让孩子获得能看懂、真有用的解答，集成了AI问答、拍照答疑、作业检查、作文批改、错题本等学习工具，为中小学生提供苏格拉底式启发学习模式，支持题目分步解析、无限追问和智能错题管理，直接接入DeepSeek R1的问答功能，学生可一键启用“深度思考”模式，询问学习问题或交流个人思考。优必选教育的行知格物AI智慧教育云平台接入DeepSeek后，编程作业批改准确率达98.6%，同时还能提供代码优化建议。

如今，DeepSeek在应用商店下载量屡创新高，相关话题频频登上社交媒体热搜，成为当之无愧的“顶流”，其对于教育真正的价值，是迅速推进了大模型在公众中的真正普及，中国教师群体在这场全民DeepSeek风暴中见识到了AI的强大，部分乡村教师也开始积极使用通用AI工具提升工作效率，这种影响力远超“国培计划”等教师培训体系数年的培训成果，中国教师已步入“未来教育”的殿堂。

以人为本的AI教育应用：启迪思维，引领创造

当我们关注大模型如何给教师和学习者带来诸多方便的时候，也有人开始担忧AI代替人的思维与学习，是否会造成人的智能荒废。在ChatGPT、DeepSeek等AI工具引发的AI热之后，我们的确需要思考，在教育场域中，AI究竟在做些什么？在这场AI热中，我们看到，AI陪伴产品使儿童在识字前即可通过语音交互创作超长绘本或电影。未来可能会有新的AI产品出现，6岁儿童借助AI生成器完成包含角色设定、情节冲突的“数字动画”，其复杂度远超成人传统作品。这种“无门槛创作”可能催生新一代“数字原住民”，其创新力不再受限于语言或技能储备。由此，我们看到的是儿童创造力的释放，大模型所引发的，不是教育的重构，而是学习的重构！

为此，我们的确需要认真地思考AI究竟是什么？在人类的学习尤其是儿童的学习与成长过程中，AI究竟发挥怎样的作用，扮演怎样的角色？我们看到，所谓的生成式人工智能只是一种基于深度学习和大规模数据预训练的模型，能够基于输入条件生成文本、图像、代码、视频等数字作品，它并非万能，也不是解决教育问题的终极方案，我们必须审慎地审视AI在教学中的适用场景与边界。诚然，AI早已成为数字工具生态的一部分，已经嵌入到搜索引擎、写作辅助工具、软件编码、艺术创作等各种教育软件系统中，无论是教师还是学生，都已难以彻底规避。但AI是教学和学习的辅助工具、增强工具，不能取代教师的指导、反馈和课堂管理，AI不能取代高素质教师的育人活动。AI 可以帮助学生学习，帮助学生开阔视野，启迪思维，但不能代替学生思考和创造，不是学生学习和成长的替代品。当然，我们同时也要注意到，任何 AI 系统（确切讲是 AI 系统背后的人类团队）都有各自的价值观、目标与利益相关，也都有自身不可避免的偏见和局限性，所有这些元素都会通过算法和训练数据影响 AI 的输出。

2024 年 1 月，美国华盛顿公共教育督导办公室（Washington Office of Superintendent of Public Instruction，OSPI）发布《以人为本的 AI：K－12 公立学校指南》（*Human-Centered AI*：*Guidance for K－12 Public Schools*）报告[1]，构建了一整套基于“人-AI－人”（“Human-AI-Human”，“H-AI-H”）模式的“以人为本”（Human-Centered AI）的教学框架。该框架依循人类探究（Human Inquiry）、AI 赋能（AI Use）和人类反思（Human Reflection）的模式展开，在学习过程中，先由教师或学生提出问题，进行深度思考，再让 AI 参与到学习过程中来，借助 AI 的辅助，提供信息，优化学习方案等，最后仍然由学习者进行最终的判断、编辑和总结。报告给出了“提高写作水平”（Writing Enhancement）、“STEAM 教育”（STEAM Education）和“科学探索”（Science Exploration）三个方面的示例（表 1），值得我们教育工作者参考。

表 1　基于“人－AI－人”的“以人为本”AI 教育应用框架

“H－AI－H”应用框架		AI 应用示例		
		提高写作水平（Writing Enhancement）	STEAM 教育（STEAM Education）	科学探索（Science Exploration）
人类探究（Human Inquiry）	由教师或学生提出问题，进行深度思考。	一位初中英语教师希望提升学生写作能力，帮助他们扩展词汇量。	一位科学教师希望向小学生介绍因果关系、序列和模式等复杂概念。	一位三年级科学教师希望让学生更容易理解水循环等复杂概念。

1　OSPI（Washington Office of Superintendent of Public Instruction），*Human-Centered AI*：*Guidance for K－12 Public Schools* [EB/OL].（2024－01－18）[2025－02－12]. https://ospi.k12.wa.us/sites/default/files/2024－01/human-centered-ai-guidance－k－12－public-schools.pdf

"H-AI-H" 应用框架		AI应用示例		
		提高写作水平（Writing Enhancement）	STEAM 教育（STEAM Education）	科学探索（Science Exploration）
AI 赋能（AI Use）	让 AI 进行辅助，如提供信息、优化学习方案等。	学生使用 AI 写作工具检查语法、优化风格，并获得词汇建议。	课堂融入 AI 互动游戏和可视化工具，帮助学生直观理解科学原理。	教师使用人工智能驱动的虚拟现实（VR）模拟，让学生在沉浸式环境中探索水循环。人工智能根据学生的互动和理解调整模拟的复杂性。
人类反思（Human Reflection）	由人类进行最终的判断、编辑和总结。	教师引导学生批判性地评估 AI 反馈，讨论 AI 推荐某些修改的合理性，并决定哪些建议值得实施。学生在此过程中思考 AI 是如何提升写作能力的，并识别自身需要进一步改进的地方。	学生在体验 AI 辅助的互动活动后，与同学和教师讨论自己的观察结果和见解，并尝试将所学知识应用到现实生活场景。	在 VR 体验之后，学生分组创建水循环的物理模型，应用他们在模拟中学到的知识。教师引导讨论水循环在现实世界中的应用，鼓励学生在虚拟世界和物理世界之间建立联系。

由此，根据课堂教学中应用 AI 的程度，划分出不同层级的 AI 教育应用水平：

层级一　无 AI 辅助：任何时间点都没有使用任何 AI 工具；学生完全依靠他们自己的知识和技能。

层级二　AI 辅助头脑风暴：借助 AI 工具的帮助生成想法。最终内容必须由学生在没有直接人工智能输入的情况下创建。必须注明 AI 辅助。

层级三　AI 辅助完成草稿：AI 可以帮助起草初始版本。最终版本必须由学生做显著修改。明确区分 AI 与学生贡献。

层级四　AI 协作创作：所完成的作品包含人工智能生成的内容。学生批判性地评估和编辑 AI 的贡献。AI 的贡献须透明并注明。

层级五　AI 作为共同创作者：在内容创作中广泛使用 AI。学生提供使用 AI 的理由，并确保原创思想。明确区分 AI 与学生的贡献。

由此，在具体的教与学的过程中，我们必须尝试区分哪些教与学的场景是倡导学生使用 AI 的，哪些是允许使用的，哪些是完全禁止的。对于那些需要学生完全独立完成的学习任务，如数学考试、中英文写作等，则应禁止学生使用 AI 帮助其完成任务。而当面临撰写研究论文、展开共同讨论的学习任务时，在经教师允许的情况下，允许学生借助 AI 辅助完成任务，如历史学习，学生可以借助 AI 检索各种文献资料，完成课程论文的写作，但需要注明 AI 的贡献。在需要头脑风暴、个性化学习的过程中，则要鼓励学生使用 AI，由 AI 生成定制化的学习任务，帮助不同水平的学生以不同的速度学习不同程度的学习内容，通过此过程，引导学生对基于 AI 参与的学习过程与结果进行反思。

从根本上讲，在教育领域应用大模型等人工智能技术，重要的不是让学生单纯运用 AI 完成具体的作业任务，而是借助 AI 帮助学生开阔视野、启迪思维、提高学习能力和综合素养。AI 可以帮助学生开阔视野：对于历史学习，不是仅仅依靠 AI 快速生成的简单结论，而是引导学生通过阅读不同历史学家对于同一历史事件的多元解读著作和研究报告，帮助学生了解到更多关于某一国家某一历史时期复杂的社会、政治、经济状况，从而拓宽自己对某一历史事件的认知边界；在地理学习中，学生可以通过观看世界各地的地理纪录片、浏览专业地理网站上的实地考察报告等方式，直观地深入了解不同地区的生物多样性、独特的生态系统等自然风貌、住民的生活方式、社会历史人文特色，由此极大地开阔了学生的视野，让他们对世界有更全面、更真实的认识；在语文写作学习中，不是依靠越来越精致的提示词让 AI 帮助直接完成命题作文，而是通过 AI 给出不同的学习资源和不同的构思路径，激发学生思维，以独特的思考和创意完成写作；在科学实验探究过程中，不是让 AI 直接给出实验结论，而是让学生在 AI 的帮助下自主设计实验方案、进行实验操作，遇到问题时不断调整实验方案，进而通过实际操作和观察分析实验结果，从而不仅能够更深入地理解科学原理，还能培养解决问题的思维能力，真正体验科学探究的过程与乐趣。

应时之需的“面向大模型的未来教师实务手册”丛书

作为一位教育技术学研究者，陈向东教授始终保持着敏锐的学术敏感性，紧跟当代人工智能发展前沿，并注重人工智能在中小学教育中的创新性应用实践。早在 ChatGPT 产生之初，他就预见到大模型对于未来教育的冲击，并于 2023 年年中领衔完成《大型语言模型的教育应用》研究报告，作为中国人工智能学会“中国人工智能系列白皮书”之一发布并出版。而今，他又针对中小学一线教师的需求，邀请我共同策划这套“面向大模型的未来教师实务手册”丛书。如前所述，国内外大模型层出不穷，同一模型持续迭代，而且，可借助大模型辅助解决的中小学教育改革发展的“问题”同样纷繁复杂，因此，本丛书设定为一个开放的系统，成熟一本，出版一本。首批图书包括“教师的循证实践”“教师的科研实务”“中小学校管理实务”三本，后续还将陆续推出“中小学人工智能教学”“面向新课标的跨学科教学设计”“面向新课标的中小学英语教学”“面向新课标的数学教学”等主题。

《教师的循证实践——基于 AI 大模型的方法》（陈向东等），不仅将大模型作为知识发现和教育规律分析的工具，更将其作为推动知识转化的核心力量，全书在构建基于大模型的循证实践流程的基础上，探讨了如何借助 ChatGPT 等大模型识别和确定问题、检索与筛选证据、证据评估与元分析、证据转化、循证项目的实践与评估、项目的监测与诊断以及利用大模型辅助循证教学案例报告生成，从而使一线教师的循证实践能够在大模型的支持下在更高层次上得到推进，提高教育证据的转化效率和教学方案的精准度。《教师的科研实务——基于 AI 大模型的方法》（高丹丹），采用“理论 + 实践 + 案例”的递进模式，围绕一线教师在教育科研中实际应用 ChatGPT 等大模型的需求，从应用大模型进行教育科研的“人机知识共创”特征出发，探讨了如何利用大模型高效选题、开展文献检索与分析、撰写研究现状以及设计研究等具体步骤，以及大模型在案例研究、行动研究、调查研究和准实验研究等具体场景的应用。《中小学校管理实务——基于 AI 大模型的方法》（陈兴冶），围绕教育管理者在实践中遇到的真实问题展开，探讨了以 ChatGPT 为代表的生成式人工智能工具在中小学校管理中的应用，通过大量的案例分析和实操方法，帮助中小学校管理者理解并掌握如何利用 ChatGPT 等工具，在教学方面提升管理效能、优化教师发展、促进学生成长，并改善后勤管理。

需要说明的是，丛书中不同分册使用的大模型各有侧重，甚至同一本书中案例也未必完全统一，但各位作者所介绍的方法同样适用于 ChatGPT、Claude、DeepSeek、豆包、Gemini 等中外各种大型语言模型，相关技术与方法的核心在于如何有效地运用 AI 技术支持教育教学改进与创新，而不局限于特定的模型或平台。

生成式人工智能，已是千帆竞发，万舸争流，必将带来一场学习与教育的革命。愿我们每一位教师都能勇立潮头，在与人工智能共生共存共发展的进程中，体验不一样的未来教育生活。

前　言

随着人工智能技术的快速发展，生成式人工智能（Generative Artificial Intelligence，GAI）尤其是 ChatGPT、DeepSeek 等的出现，为各行各业带来了深刻的变革。在教育领域，生成式人工智能不再是难以触及的前沿技术，而是正在逐渐成为中小学校管理者提升管理效能、支持教师专业发展以及推动学生个性化成长的重要依托。

面对行政事务负担重、师生个性化需求难以满足、数字化转型进展不均等问题，ChatGPT 的引入为中小学校管理带来了极大的发展契机。本书聚焦生成式人工智能，探索 ChatGPT 如何在中小学校管理的各个方面提供支持和创新应用，从而为中小学校管理者提供一套较为系统而又全面的实务指南。书中围绕学校管理中的校务管理、教师专业发展、学生成长支持、后勤管理及教育伦理等重要主题，通过案例分析和实操方法，帮助读者有效地应用生成式人工智能并赋能日常管理。

全书共分七章，各章分别聚焦 ChatGPT 在学校管理的不同应用场景，循序渐进地展示如何将生成式人工智能技术嵌入日常管理中。第一章对生成式人工智能的基本原理和发展现状进行概述，以 ChatGPT 为例，详细讲解其在学校管理领域的潜在应用价值及其引发的变革趋势。第二章着眼于校务管理中 ChatGPT 的广泛应用，通过对文本处理、会议管理、信息咨询等典型场景的分析，展示其如何在行政管理、教务管理、人事管理等方面提升效率。第三章讨论如何利用 ChatGPT 支持教师的专业发展，包括个性化学习、教学研究与创新、教师评价与反馈等，帮助教师在繁忙的日常教学中得到更加便捷和精准的专业支持。第四章探讨 ChatGPT 在学生个性化学习支持、核心素养提升以及综合素质发展中的作用，展示其如何为学生提供多样化的学习资源，促进个性化成长。第五章聚焦 ChatGPT 在设备采购与资产管理、校园服务与安全管理、决策支持与战略规划等后勤事务中的实际应用，展示其如何提高资源管理效率，确保学校日常运作的有序进行。第六章探讨生成式人工智能的教育应用可能遇到的伦理问题，涉及数据隐私、偏见与公平、职业伦理等多个方面，以确保技术应用的合法性和道德性。最后一章从未来教育的视角出发，展望了生成式人工智能与学校管理深度融合的前景，并分析国内外在教育大模型领域的发展动态，旨在为读者勾画出人工智能赋能未来学校管理的可能路径。

本书主要面向中小学校管理人员，包括校长、副校长、教务主任、后勤管理人员等，希望帮助他们在工作中探索生成式人工智能的多样化应用。此外，对于关注教育科技发展的研究人员、教师及有志于教育管理领域的学生，本书也提供了理论与实践相结合的有益参考。本书从实际问题出发，以实用性为导向，融合了生成式人工智能在学校管理中的多种创新实践，结合了大量真实的应用场景和案例。本书为学校管理者提供在实践中易于上手的参考，读者可以在每一章中找到具体的操作步骤、提示设计实例，以及在不同管理领域中的方法论。

生成式人工智能为学校管理带来了前所未有的机遇与挑战，在守成与创新之间找到平衡点，既是每位教育管理者需要解决的难题，也是未来学校管理的必然趋势。希望本书能够帮助中小学校管理者认识到技术运用的价值，让生成式人工智能真正成为智能时代中小学校管理者高效管理的有力助手，从而在实际工作中实现“以智启智”，让管理更加科学化和智能化，为学生和教师创造更加优质的教育环境。

本书是团队合作的成果，主要撰写者分别是陆美晨、陈兴冶（第一章、第二章），张蓓嘉、陈兴冶（第三章、第七章），赵丽娟（第四章、第六章）和张靖沅（第五章）。陈兴冶设计了全书的总体结构及各部分的具体要求，陈兴冶、赵丽娟负责统稿工作，在撰写过程中赵丽娟还负责了联络工作。

ChatGPT 在教育管理领域的应用仍在不断发展之中，本书内容已力求翔实，但面对技术演进的快速性和教育情境的复杂性，由于写作时间不够充裕，且限于作者的学术视角与水平，书中难免存在不足之处，敬请读者批评指正。

目 录

第 1 章

生成式人工智能赋能学校管理转型

从谷歌开发的人工智能产品 AlphaGo 陆续战胜李世石、柯洁等世界顶尖围棋高手开始，人工智能技术便受到前所未有的关注。当然，人工智能从未停止给人类带来惊喜。从文生文、文生图到文生视频，生成式人工智能（Generative Artificial Intelligent，GAI）逐渐进入大众视野，向人们展示了人工智能技术超越边界的想象力和爆发力。2022 年 11 月，美国人工智能研究公司 OpenAI 发布智能聊天机器人 ChatGPT（Chat Generative Pre-trained Transformer），其作为一个里程碑式的生成式人工智能，引发了学术界和产业界的广泛关注与深入探讨。生成式人工智能的应用范围极其广泛，在文本、图像、音频、视频等内容的生成表现方面一度逼近人类智能，对创意产业、科学研究、教育等领域有着极大的变革潜能[1]。在教育领域，生成式人工智能不仅是技术上的革新，更是为学校管理带来了新的机遇。生成式人工智能在教育领域的研究和应用仍处于起步阶段，在学校管理方面的实践还需进一步拓展。目前，部分企业已经从实践层面开始了生成式人工智能赋能管理的早期探索，产生了一系列可资借鉴的经验。在此背景下，本章以 ChatGPT 为例对生成式人工智能及其核心能力进行概述，梳理目前在企业管理中的应用进展，最后探讨 ChatGPT 等生成式人工智能工具在学校管理的应用方向，希望能够为教育管理者提供一个理解和利用新兴技术的全新视角，探索学校管理转型的新路径。

1.1 生成式人工智能概述：以 ChatGPT 为例

生成式人工智能是人工智能领域中一个快速发展且极具潜力的分支，它的核心目标是创建能够生成新颖和多样化内容的智能系统。生成式人工智能通过学习和理解大量已有数据的模式、结构和特征，能够创造出与原始数据相似但非简单复制的

---

1 钟柏昌，刘晓凡. 生成式人工智能何以、以何生成教育［J］. 电化教育研究，2024，45（10）：12－18＋27.

新实例[1]。生成式人工智能的核心优势主要体现在其创造性、适应性、效率和个性化能力上。这些优势使它能够产生全新、原创性的内容，而不仅仅是重组或复制已有信息。通过微调或提示工程，它可以适应各种领域中的不同任务，快速生成大量高质量内容，并根据特定需求或偏好生成定制化内容[2]。

生成式人工智能通过从人类提供的指令中提取和理解意图信息，并根据其知识和意图信息来实现生成内容。计算机若要拥有“想人类所想”的能力，首要任务就是理解人类使用的自然语言。大型语言模型（或称大模型，Large Language Model，LLM）作为自然语言处理的关键技术，为生成式人工智能提供了更加强大的语义理解能力，从而改进了生成结果[3]。ChatGPT 正是基于大模型，在发布后短时间内便收获上亿用户，让人们真切感受到生成式人工智能时代的到来。

ChatGPT 使用先进的 Transformer 架构，这是一种基于自注意力机制的深度神经网络，广泛应用于语言翻译、文本摘要、问答等自然语言处理任务，通过海量文本数据的训练，模型实现了前所未有的自然语言处理能力[4]。ChatGPT 的诞生，标志着人工智能在理解和生成人类语言方面取得重大突破，为人机交互开辟了新的可能性。

ChatGPT 系列模型从 2018 年 GPT-1 发布至 2024 年 GPT-4o 版本至今已有五年多的发展历程，模型的参数量和预训练数据量在不断增加，如图 1-1 所示，其泛化、理解、转换、学习能力也在随之不断增长。

模型性能的提升不仅体现在模型规模上，更重要的是在训练方法上有了突破性的创新。在 ChatGPT 之前，大多数深度学习模型采用针对特定目标的监督式学习，需要大量人工标注的数据进行训练，模型在不同任务间的通用性受到了限制。与前者不同的是，ChatGPT 采用的是“预训练 + 有监督微调 + 人类反馈学习”的技术路

---

1 Brown T B, Mann B, Ryder N, et al. Language models are few-shot learners [J]. arXiv preprint arXiv, 2020.

2 Bender E M, Gebru T, McMillan-Major A, et al. On the dangers of stochastic parrots: Can language models be too big? [C] //Proceedings of the 2021 ACM conference on fairness, accountability, and transparency. 2021: 610-623.

3 Cao Y, Li S, Liu Y, et al. A comprehensive survey of ai-generated content (aigc): A history of generative ai from gan to chatgpt [J]. arXiv preprint arXiv, 2023.

4 Vaswani A, Shazeer N, Parmar N, et al. Attention is all you need [C] //Proceeding of the 31st International Conference on Neural Information Processing Systems, 2017: 6000-6010.

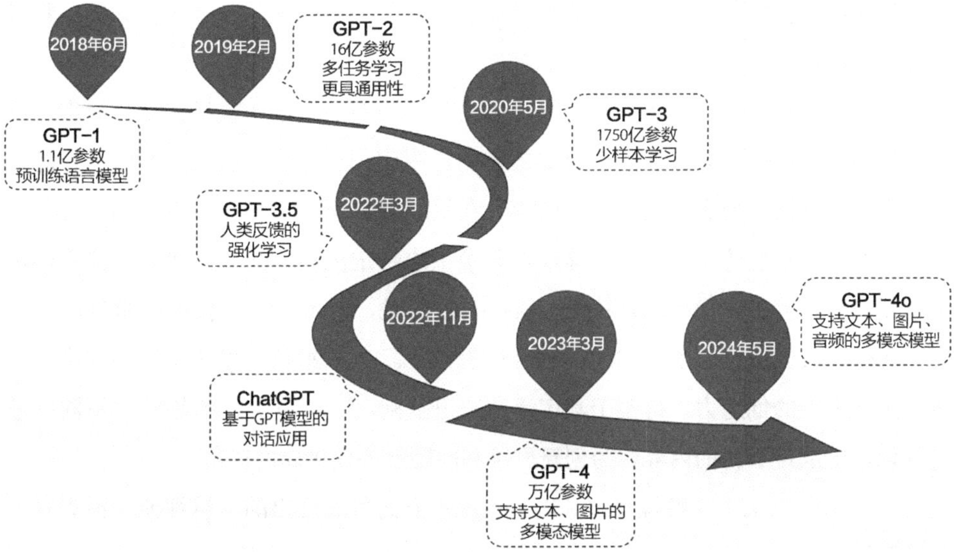

图 1-1　GPT 系列模型发展历程

线，首先在大规模的无标注数据集上进行预训练，通过微调使模型适应不同场景。训练过程中的基于人类反馈的强化学习（Reinforcement Learning from Human Feedback，RLHF）是提升模型内容生成能力的关键，包括人类提问机器回答和机器提问人类回答，并不断迭代，让模型逐渐具有对生成答案的判别能力[1]。这使得 ChatGPT 不仅能够理解语境并生成具有逻辑性的文本，还能根据人类反馈不断优化其输出，以便更好地满足用户需求[2]。作为一个强大的模型，ChatGPT 的核心能力主要体现在语言理解能力和内容生成能力两个方面。

（1）语言理解能力。ChatGPT 能够准确把握对话的上下文语义，理解长篇对话中的前后关系，从而作出恰当的响应。此外，ChatGPT 还能准确识别用户的查询意图，即使面对含蓄或隐晦的表达也能作出准确判断。这种能力使得 ChatGPT 能够理解并回应复杂的多层次问题。它还具备强大的多语言处理能力，能够理解和生成多种语言的文本，并在不同语言间进行转换。更重要的是，ChatGPT 不仅能理解字面

1　Christiano P F，Leike J，Brown T，et al. Deep reinforcement learning from human preferences [J]. ArXiv，2017.

2　Floridi L，Chiriatti M. GPT-3：Its nature，scope，limits，and consequences [J]. Minds and Machines，2020，30：681 - 694.

含义，还能进行抽象推理，能够从给定信息中提取关键概念，进行逻辑分析，并得出合理的结论。

（2）内容生成能力。ChatGPT 能够生成各种类型的文本，包括文章、故事、诗歌、代码、剧本等，无论是学术论文还是创意写作，它都能胜任。一方面，它能够生成大纲、表格、列表等结构化的内容，在组织和呈现信息方面表现出色。另一方面，强大的风格模仿能力使它能够根据要求生成特定风格的文本，如模仿特定作家的写作风格或特定时代的语言特征。值得一提的是，ChatGPT 不仅能够重复已知信息，还能进行创造性思考。它能够综合已有知识，生成新颖的想法和解决方案，展现出类似人类的创造力。得益于其广泛的知识基础，ChatGPT 还能够整合不同领域的知识，生成跨学科的内容，为创新思维和问题解决提供新的视角。

ChatGPT 在上下文情境理解和内容生成等方面所表现出的卓越性能，标志着人机交互进入一个新的时代，它的强大能力为多个领域带来了革命性的变革。它能够生成高度拟人的文本，有潜力彻底革新我们在日常生活中获取信息的方式，以及与人工智能交流互动的方法。从自动问答、内容创作到个性化学习资料的生成，ChatGPT 在广泛的语言处理任务中发挥着关键作用，能够成为企业、研究人员、教育工作者和其他任何个人的宝贵工具[1]。

1.2 ChatGPT 在管理领域的创新应用

ChatGPT 的出现使人工智能技术能够适应更加多样化的应用场景，不仅拓展了管理者的工作边界，还重新定义了效率和创新的标准，为现代管理实践提供了新的工具和方法。在企业运营中，ChatGPT 展现出巨大的潜力，能够协助处理复杂的信息流，简化决策过程，并提供智能化的解决方案。它的应用范围涵盖从日常事务处理到战略规划的各个层面，为管理者提供强大的支持[2]。特别是在信息爆炸的时代，数据处理和分析能力帮助管理者更好地把握市场趋势，理解客户需求，从而作出更

---

1 焦建利. ChatGPT 助推学校教育数字化转型——人工智能时代学什么与怎么教［J］. 中国远程教育，2023，43（04）：16－23.

2 Burger B，Kanbach D K，Kraus S，et al. On the use of AI-based tools like ChatGPT to support management research［J］. European Journal of Innovation Management，2023，26（7）：233－241.

明智的决策。此外，它还有助于促进组织内部的知识共享和协作，打破传统的部门壁垒，推动更加开放和灵活的管理模式。以下将从工作助手、个性化服务以及智能决策支持三个方面，详细探讨 ChatGPT 在管理领域的具体应用以及如何塑造未来的管理实践。

1.2.1 智能化的企业管理助手

ChatGPT 在管理领域最显著的贡献之一就是实现了高度的自动化与智能辅助。这一革新性技术不仅大幅提升了工作效率，还显著减少了人为错误，使管理者能够将更多精力投入核心决策制定和战略规划中。在日常管理工作中，ChatGPT 扮演着多功能智能助手的角色，协助人们处理各种复杂且烦琐的任务。例如，在文档处理方面，它能够自动生成、编辑和分析各类管理文件，如商业报告、项目提案、会议纪要和策略文档等。强大的自然语言处理能力使其能够快速理解和提炼大量文本信息，提取关键观点，并生成结构清晰、逻辑严密的文档，极大地提高了文书工作的效率和质量。

在团队合作中，ChatGPT 同样可以发挥重要作用，它可以作为一个中央信息枢纽，为团队成员提供一个强大的知识管理工具。它能够整合企业内部的信息资源，并能理解复杂的查询需求，从海量信息中精准定位相关内容，帮助团队成员共享知识、协调工作进度，并实时更新项目状态，这种高效的信息流通机制，不仅提高了团队协作的效率，还减少了因沟通不畅导致的错误和延误。

更重要的是，ChatGPT 的学习能力使其可以不断适应企业的特定需求，在使用过程中不断优化其性能。这种自我完善的特性确保了它能够长期为企业提供越来越精准、越来越有价值的服务。

企业知识管理与问答助手类应用已经成为生成式人工智能在工业界落地的先行场景。通过对企业的产品、服务、流程、规范、文档等方面的图像和文本进行知识提取，模型能够构建和更新企业的知识库。同时，通过对用户的需求或问题进行理解，模型能够为用户提供智能解答服务，解决用户在工作中遇到的各种问题，提高工作效率。Andonix 是一家专注于制造业数字化转型的科技公司，它推出了一个专为工厂工人设计的 AI 驱动的制造聊天机器人 Andi，用于协助工人完成诸如生成行动计划、检查清单和工作指导等任务[1]。Andi 可以学习包括设备操作手册、故障排

1 Introducing：Andi，the AI-Powered Manufacturing Chatbot Revolutionizing Factories [EB/OL].（2024－09－27）[2024－10－10]. https://andonix.com/introducing-andi/.

查手册、人事管理政策等在内的公司内部知识，并且提供一个用户聊天界面，使员工可以与聊天机器人进行对话，为员工提供即时的问题解答，例如如何修复特定的机器故障代码、识别导致机器停机的可能问题或者解释公司的人事政策等。

1.2.2 提供个性化服务的智能客服

ChatGPT 在管理领域的应用不仅提高了工作效率，还为个性化、定制化服务开辟了新的可能性。ChatGPT 作为智能客服系统的核心，能够 24 小时不间断地为客户提供服务，回答询问、处理投诉，甚至进行情感分析，从而提供个性化的解决方案并提升用户体验。具体来说，它能够准确把握用户意图，提高搜索结果和回答的匹配度与针对性，并且提供文字、文档、链接、音频等多模态答复，确保用户可以直接查看原始信息，提高信息的准确性和可信度。此外，数字人技术与 ChatGPT 相结合还能使用户感受到与真实人类交流一样的自然感，有效提升用户满意度和咨询质量。

同时，ChatGPT 还能提供具体的流程指引。当用户遇到不熟悉或操作复杂的业务流程时，它可以提供清晰的步骤引导，帮助用户高效完成业务办理，并结合用户的搜索历史和已有提问，预测用户可能感兴趣的问题，引导用户提问，从而提供更加贴近需求的回答。

在实践应用方面，Inbenta 是一家专注于自然语言处理的公司，它使用 OpenAI 的 GPT－3 来增强其开发的聊天机器人的能力[1]。Inbenta 的聊天机器人被用于客户支持，帮助企业自动回应客户的问题和需求。通过使用 GPT－3，Inbenta 的机器人可以生成更加自然和深入的对话，为客户提供更加有效和愉快的体验。有研究探讨了在客户服务中将 GPT 模型用于智能代理辅助沟通的情况[2]。模型通过自动生成可以参考的内容来辅助客服工作，凸显了使用智能代理在缩短客服响应时间和提高响应质量方面的好处，从而节省了成本并提高了客户满意度。

1.2.3 数据分析和决策支持

企业管理需要面对大量的数据，包括销售、用户、商品、订单等各方面，传统

---

1 Inbenta [EB/OL].（2023－06－07）[2024－10－11]. https://www.inbenta.com/.

2 Howell K，Christian G，Fomitchov P，et al. The economic trade-offs of large language models：A case study [J]. arxiv preprint arxiv，2023.

的数据分析工具和方法无法高效、精准地满足品牌方的精细化需求。在数据管理和分析方面，ChatGPT 能够快速处理和解析大量结构化与非结构化数据，进行初步的统计分析，生成直观的图表和报告，为管理决策提供数据支持。在危机管理和应急决策方面，ChatGPT 的反应速度和信息处理能力显得尤为重要。它可以快速整合来自多个渠道的信息，分析事态发展趋势，并提供实时的决策建议。这在突发事件或紧急情况下，能够帮助管理者快速作出正确判断。

ChatGPT 与企业资源规划、客户关系管理、供应链管理等系统对接后，可以通过自然语言交互的方式，实现对经营管理数据的智能化处理和分析。它可以针对人、产品、场地等不同维度快速、精准地寻求洞察分析和决策建议，还能够根据用户的需求或描述，自动生成报告、简报、订单等多种形式的内容，为用户提供更加便捷和高效的信息服务，从而进一步提升企业经营管理效率。

Salesforce 公司推出了一款名为 AI Cloud 的客户关系管理软件，帮助客户提高生产力和效率[1]。AI Cloud 共有八种模型：销售 GPT、服务 GPT、营销 GPT、商业 GPT、Slack GPT、Tableau GPT、Flow GPT 和 Apex GPT。销售 GPT 可以根据客户需求快速制作个性化电子邮件；服务 GPT 可以根据案例数据和客户历史创建服务简报、案例摘要和工作订单；营销 GPT 和商业 GPT 可以根据每个客户的特点定制产品描述，并提供如何提高平均订单价值等建议；Slack GPT 和 Flow GPT 用于构建包含 AI 操作的无代码工作流；Tableau GPT 可以根据自然语言生成可视化的数据分析结果；Apex GPT 用于为开发人员提供代码修改建议。通过将人工智能、数据分析和自动化结合在一起，AI Cloud 为公司提供了可信、开放、实时的生成式人工智能工具，从而增强客户体验和提升企业工作效率。

1.3 ChatGPT 为学校管理带来新机遇

传统的学校管理方式在面对教师行政工作负担重、师生个性化需求难以满足、学校数字化管理能力不足等问题时已显得力不从心。ChatGPT 作为一种多模态、智能化的技术工具，为这些问题提供了新的解决方案，为科学化、精准化、智能化的学校管理模式提供了新的可能。在高等教育领域，已有学校引入生成式人工智能为

1 Artificial Intelligence [EB/OL]. (2024 - 02 - 28) [2024 - 10 - 10]. https://www.salesforce.com/artificial-intelligence/.

师生提供多种智能工具，以提高工作效率并支持师生的个性化发展。

香港科技大学（HKUST）开发并推出了 HKUST GenAI 平台，为全校师生提供类似公共 ChatGPT 的功能，但能更好地保护用户数据[1]。该平台支持多种先进的语言模型，包括 GPT－4、GPT－3.5 Turbo、Gemini 系列等，还提供图像生成和多模态理解能力。学校还开发了基于 GPT 模型的 AI 聊天机器人，可以快速准确地回答用户的常见问题。这个聊天机器人可以根据用户自己的数据进行训练，确保能够处理特定领域的查询和术语，节省处理频繁询问的时间和资源。除了自主开发的平台，HKUST 还为教职工提供集成 AI 助手的智能搜索引擎和办公软件的访问权限，帮助教师起草邮件、创建文档、生成报告和演示文稿，从而简化工作流程，让用户能够专注于更具创新性的任务。通过提供这些多样化的 AI 工具和相应的使用指南，学校鼓励并支持教职工在提升办公效率和开展科学研究等方面使用这些智能工具。同时，对于教学和学习相关的 AI 应用，学校还为师生提供专门的支持和指导。HKUST 提醒用户在使用这些工具时要注意事实核查，避免使用未经确认安全的工具处理机密或敏感数据，并认识到这是一项仍在不断发展的技术。

北卡罗来纳大学的人工智能委员会建立了一套完整的生成式人工智能资源包，集合了学校行政管理中人工智能技术的应用理念、应用指南以及培训模块，目的是引导教职工“适当且合乎道德”地使用 ChatGPT 等生成式人工智能工具。该资源包涵盖以下几个关键方面：一是基础知识培训，帮助教职工了解 ChatGPT 的工作原理、优势和局限性；二是实践应用指导，提供具体的操作指南，教授教职工如何有效利用生成式人工智能工具进行公文写作、PPT 制作、自动化支持服务、生成字幕和辅助编程等；三是道德伦理和合规性，明确 AI 使用的伦理边界，包括数据隐私保护、版权尊重、合理披露等内容。

从以上两个高校的案例可以看出，高等教育机构正在积极探索和实践生成式人工智能技术在学校管理中的应用。这些实践为中小学的学校管理提供了宝贵的经验和启示，同时也揭示了 ChatGPT 等技术在推动学校管理变革方面的巨大潜力，包括提升行政办公效率、支撑师生个性化发展和实现数据驱动的精准化管理等。

首先，ChatGPT 的引入可以提高学校行政办公的效率，减轻教师和行政人员的工作负担，优化学校的管理流程。目前，我国中小学教师除承担教学任务外，还需

1　HKUST. Generative AI & Education [EB/OL]. [2024－10－11]. https://cei.hkust.edu.hk/en-hk/education-innovation/generative-ai-education.

完成大量行政工作，包括撰写和整理各类报表、总结、材料，以及处理日常纪律问题、家校沟通等。ChatGPT 等生成式人工智能应用于学校管理的积极意义，体现在可以自动化处理学校管理中的常规性、重复性任务，适用于招生、财务、后勤等多个管理场景，从而有助于教师把更多精力投入教学和研究中，为学校发展创造更大的空间。

其次，ChatGPT 为支持师生个性化发展提供诸多帮助。过去，受限于传统的教学模式和管理方式，学校难以充分满足学生的多元化发展需求，教师专业发展的个性诉求也未得到充分重视。ChatGPT 为解决这一问题提供了新的可能。一方面，对于学生而言，它可以作为个性化学习助手，根据每个学生的学习进度、兴趣爱好和学习风格，提供量身定制的学习计划和资源推荐。它可以回答学生的疑问，解释复杂的概念，甚至模拟不同学科的专家角色，为学生提供多角度的知识讲解。这种个性化的学习支持不仅可以提高学习效率，还能激发学生的学习兴趣和自主学习能力。另一方面，对于教师而言，ChatGPT 可以成为他们专业发展的有力助手，为教师提供新的教学方法和教育研究趋势，帮助教师不断提升自己的专业水平。

最后，ChatGPT 为学校提供强大的数据分析和决策支持工具。随着教育数字化的深入，学校积累了海量数据，但如何有效利用这些数据是一个挑战。ChatGPT 可以帮助学校管理者更好地理解和利用这些数据。在数据分析与预测方面，它可以处理和分析各种类型的教育数据，如学生的学习表现、教师的教学效果、学校的资源使用情况等，从中发现潜在的问题和机会。在优化资源分配方面，它可以通过分析各部门和项目的运营数据，为学校提供资源分配的优化方案，提高资源利用效率。更重要的是，ChatGPT 可以将这些复杂的数据分析结果转化为易于理解的报告和建议，帮助学校管理者作出更明智的决策。这种数据驱动的精准化管理方式，不仅可以提高学校的管理效率，还能促进教育资源的公平分配和有效利用，推动学校管理向科学化、精细化、智能化的方向发展。

第 2 章

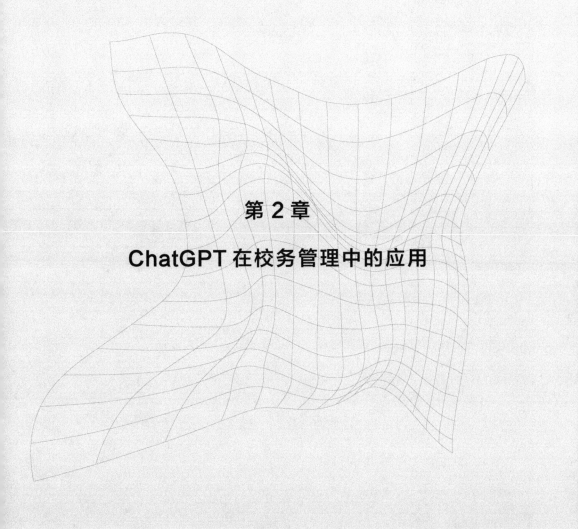

ChatGPT 在校务管理中的应用

ChatGPT 借助大模型的学习理解与内容生成能力，在完成学校管理中的事务性工作方面展现出巨大潜力，为校务管理的智能化、精准化和个性化提供了新的可能性。本章详细探讨 ChatGPT 在校务管理中的多方面应用，涵盖行政管理、教务管理和人事管理三个主要领域，旨在为生成式人工智能工具在学校事务管理方面的实践应用提供参考。

2.1 行政管理的效率提升

大模型作为生成式人工智能的代表性技术，在处理自然语言任务方面具有出色的表现，在精简管理流程和提高决策效率方面引发了广泛关注。技术能让教职工从事务性、重复性工作中“解放”出来，借助智能工具可以快速完成文本写作、活动方案设计、咨询回复等工作，使得教师能够将更多精力投入教学发展和需要创造性思维的核心任务中，完成技术无法替代的育人使命[1]。

2.1.1 文本写作助手

长期以来，文本写作一直是学校行政管理人员的重要职责，但人工撰写方式往往面临诸多挑战，如耗时长、排版格式不规范、错别字、标点遗漏等问题。借助大模型技术的学习理解与生成能力，只需提供题目和关键信息便可自动完成大纲构思、素材收集和润色排版等工作，尤其是对于有固定格式规范的通知、决定、公告、公示、报告等类型的行政文件，利用 ChatGPT 往往能取得更好的效果[2]。一方面，它

1 贺樑，应振宇，王英英，等. 教育中的 ChatGPT：教学能力诊断研究 [J]. 华东师范大学学报（教育科学版），2023，41（07）：162－176.

2 Barros A，Prasad A，Śliwa M. Generative artificial intelligence and academia：Implication for research，teaching and service [J]. Management Learning，2023，54（5）：597－604.

可以显著提升写作效率。传统文本撰写往往需要花费大量时间在资料收集、内容组织和格式调整上，而使用 ChatGPT，管理人员只需输入关键信息和要求，即可快速获得一份结构完整、格式规范的公文草稿或新闻草稿，大幅缩短写作时间。另一方面，ChatGPT 可以实现语言风格的个性化定制，根据不同的受众和写作目的，调整文档的语气和复杂度。面向学生或家长的通知可以使用通俗易懂的语言，而面向上级部门的请示报告则可以采用更加正式和专业的表述。

利用 ChatGPT 进行公文写作，首先要明确写作任务的主题和阅读对象，管理者需明确写作任务的具体参数，包括文本主题、目标受众等。其次，收集写作素材，明确 AI 需要学习的内容，可以向 ChatGPT 提供充分的背景信息，将相关政策、学校过往成就、当前面临的挑战等信息输入系统，并提示 AI 基于这些信息进行写作。接下来，提供写作内容，如公告或公示的具体内容，作为生成文本的核心素材，并且明确写作要求，如字数限制、文字风格等。最后，进行内容细化和检查，在获得初步文本后，需进行细致的人工审阅，对于内容中不够具体或缺乏可操作性的部分，应提供具体的修改建议，从而引导 ChatGPT 进行有针对性的内容优化。

以下内容是利用 ChatGPT 辅助公文写作的示例提示，回复内容如图 2-1 所示。

＜角色＞你是一位擅长写公文的行政助理＜/角色＞ ＜任务＞请撰写一份［学校举办 2024 年秋季运动会的通知］，总字数控制在［500 字］，文字采用正式的书面用语，避免使用口语化表达＜/任务＞

另外，针对校务管理中常用文本类型的特点和要求，学校可以构建特定的语料样本和专有知识库，预先训练语言模型熟悉各类文档的标准格式和用语规范，从而确保生成的文档在结构、措辞和语法上的准确性，同时能够支持知识溯源，追踪到模型生成内容的来源和依据，帮助判断所生成内容的真实性和权威性。

2.1.2 会议管理助手

会议是管理人员信息交流、决策制定和工作协调的重要方式之一，从学校行政会议到教师培训研讨会，再到跨校合作交流会议，会议参与者利用 ChatGPT 可以更专注于会议内容的构思和教育问题的深入探讨，减少在烦琐的内容记录和整理工作上所耗费的时间和精力。

在会议前，ChatGPT 可以根据输入的会议基本信息，如时间、地点、参与者、

关于举办2024年秋季运动会的通知

全校师生：

为丰富校园文化生活，增强学生体质，促进师生间的团结合作，学校将于2024年秋季举办运动会。现将有关事宜通知如下：

一、活动时间
运动会定于2024年11月15日至11月17日举行，具体时间安排请关注后续通知。

二、活动地点
运动会将于校田径场和体育馆举行。为保障安全，各项赛事将严格按照规范进行，请参赛人员准时到场，服从裁判安排。

三、参赛对象
全体在校学生均可报名参加，教职员工可参与表演项目和志愿服务。各班级须指定一名班主任或辅导员为活动负责人，协助参赛学生的报名和训练组织。

四、报名方式及时间

1. 各班级需于2024年10月25日前提交参赛名单至学生处。
2. 参赛项目包括田径、跳远、铅球、接力赛等多个项目。参赛者须根据身体状况合理选择，学生处将协助审核报名项目的安全性。
3. 报名需经家长或监护人同意，并签署安全协议书。

五、注意事项

1. 参赛者需自备合适运动装备，并确保身体状况适宜。若有身体不适或突发情况，请及时向带队老师报告。
2. 运动会期间，请全体师生遵守活动场地的管理规定，爱护公共设施，保持现场秩序。
3. 学校将安排医务人员在现场提供急救服务，确保运动会安全进行。

图 2－1　ChatGPT 关于撰写运动会通知的回复（节选）

议题等，自动生成邮件或消息通知，通知内容不仅包含基本的会议信息，还可以根据每个参与者的角色定制内容，如特定的准备事项或需要提供的材料。在会议中，利用语音识别技术，进行会议内容的实时转写，不仅提高会议记录的内容完整性和准确性，而且会议参与者可以更专注于会议内容本身。对于国际化学校，ChatGPT

可以提供多语言实时翻译功能，极大地促进跨语言交流，打破语言障碍。在会议结束后，ChatGPT 能够自动提炼会议的讨论内容、结论和待办事项，生成结构化的会议纪要，极大程度减少人工整理的工作量。并且，ChatGPT 可以与学校办公系统相结合，从会议内容中提取待办事项，自动创建待办事项和提醒，建立会议内容的知识库，支持智能检索，相关人员可以快速查找历史会议中的决策或讨论，提高工作的连续性和一致性。

当前，各个在线会议平台也在陆续推出 AI 会议管理助手。微软发布了一款生成式 AI 助手 Copilot，结合了大模型和 Microsoft Graph 中的数据协同。Copilot 能在会议中提供详尽的自动笔记，将大量信息分解为易于理解的大纲，并且可以通过会议记录帮助规划和制定议程。在我国，腾讯会议推出了 AI 小助手，通过简单的自然语言指令，完成会议信息提取、内容分析、智能提醒等多种复杂任务，有效提升开会和信息流转效率。对于周期性会议，用户可以直接询问小助手上次会议的关键内容，如形成了哪些核心结论，遗留了哪些待讨论事项等。对于中途入会的用户，可以通过“前面大家讨论了哪些内容”等问询，迅速掌握会议进展脉络。

下面是生成会议通知的示例提示。ChatGPT 的回复见图 2－2。

＜角色＞你是一位学校办公室行政管理人员＜/角色＞ ＜任务＞请写一份会议通知邮件，语气［正式］。会议主题［新学期全体教师工作会议］，时间［2024 年 7 月 20 日，上午 10：00］，会议地点［行政楼三楼会议室］＜/任务＞

2.1.3 宣传海报与文创设计

经过预训练的大模型不仅掌握了丰富的语言知识，还具备了一定的常识推理和多模态理解能力。OpenAI 推出的 DALL－E、Stability AI 推出的 Stable Diffusion、Midjourney 等多模态大模型，让计算机具备了“文本—图像”跨模态理解和生成能力。这些大模型可以根据人类的文本描述，自动生成相应的图像，让机器也拥有了“创作”的能力。多模态大模型的图像生成能力重塑了设计过程中对专业技能要求最高、步骤最为烦琐且耗时最长的环节，如画图、建模、渲染和效果图加工等。

学校宣传工作是彰显办学特色的重要渠道，是创建学校品牌、传播校园文化的重要窗口。无论是招生和活动宣传，还是校园文创设计，利用 ChatGPT 都能够为宣传团队提供丰富的创意素材，可以更高效、更有创意地制作宣传海报，更有效地传达学校理念，有效解决教职工自身设计能力不足、网络模板同质化严重等设计难题。

会议通知

尊敬的各位教师：

为更好地推动新学期各项教学工作的顺利开展，学校拟召开**新学期全体教师工作会议**，具体安排如下：

- **会议主题**：新学期全体教师工作会议
- **会议时间**：2024年7月20日（星期六），上午10:00
- **会议地点**：行政楼三楼会议室

请各位教师准时参加会议，带好必要的笔记工具，并提前10分钟入场。会议期间请保持手机静音，以确保会议顺利进行。

感谢您的配合！

此致
敬礼

学校办公室
2024年7月

图 2－2　ChatGPT 生成会议通知的回复（节选）

根据输入的主题和风格要求，ChatGPT 可以智能地组合各种视觉元素，包括图片、文字、图形等，创造出视觉冲击力强的海报设计，并适配不同的使用场景，如微信推文、学校网站、产品印刷等，自动调整图片的版式和布局，确保在不同平台和媒介上都能有最佳的展示效果。ChatGPT 还可以设计动态海报，如 GIF 或短视频形式，以适应数字平台的需求，增强宣传内容的吸引力和互动性。

案例

利用生成式 AI 设计海报

Adobe 公司创意技术专家托马斯·奥帕辛斯基在设计第 22 届 Kinoteka 波兰电影节海报时，探索了如何将生成式人工智能工具 Adobe Firefly 融入设计流程。在构思阶段，奥帕辛斯基放弃手绘草图，通过输入“一台可以展望现在并回顾过去的多镜头相机”等提示词来指导 AI 生成图像。经过不断调整这些提示词，包括使用同义词，改变角度、光线或长宽比，以及不断提出问题如“光线不同会怎样”来激发新的创意方向。提示的目的是指导 AI 的生成方向，这样它们才能填补人类想象力和计算机输出之间的空白。这种方法让奥帕辛斯基在仅仅 6 小时内就生成了数百张图像，相比之下，传统手绘方法可能需要 10 小时才能完成类似的细节修改。

在海报设计阶段，奥帕辛斯基使用智能工具快速探索不同长宽比和分辨率的效果，模拟海报在网络广告、书籍和户外广告牌等不同媒体上的呈现。在制作阶段，奥帕辛斯基为 17 张图像制作了海报模型，远超传统工作流程制作的 3—4 张，如图 2-3 所示。他还利用模板快速创建了多种尺寸和应用场景的模拟图，包括 T 恤印刷、网络广告和书籍封面等，自动呈现海报图片在不同场景下的视觉效果。

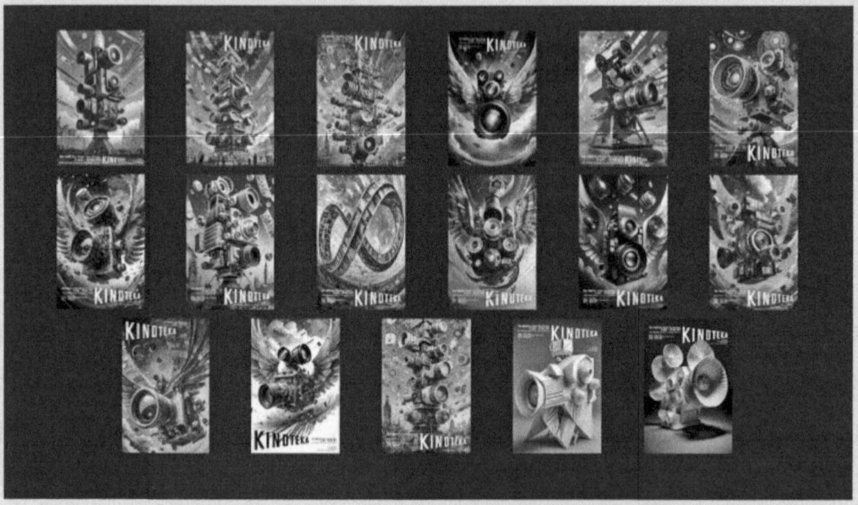

图 2-3　利用 Adobe Firefly 生成的 17 张海报图

在“构思—优化—呈现”的人机协同创作过程中，生成式人工智能工具不仅缩短了从概念到完成的时间，还提供了广阔的想象空间和创作素材以及更多的选择。虽然人工智能可以提供丰富的创意和建议，但最终决策权仍应掌握在人类手中，因为机器再智能，其创意也是来源于对人类艺术作品的学习和模仿，缺乏人类所具有的情感、经历、思考等深层次的东西。

同时，有研究者探讨了生成式人工智能对设计固定思维和发散思维的影响[1]。该研究通过一项实验比较了三组参与者［无支持组、使用 Google 图片搜索组和使用生成式人工智能（Midjourney）组］在设计聊天机器人头像任务中的表现。结果显示，使用生成式人工智能的参与者表现出更高程度的设计固定，更倾向于复制初始示例，限制了创意输出。该研究发现生成式人工智能并没有如预期那样增强人类创造力，反而增加了设计的固定思维。因此，在设计过程中使用人工智能时需要谨慎，避免过度依赖。建议将生成式人工智能作为创意辅助工具，与人工创作相结合，以确保成果既高效又富有温度和特色。

2.1.4 咨询回复服务

ChatGPT 作为对话式通用人工智能的典型代表，其核心技术是大模型，通过开放式对话的方式完成信息检索、问题解答、内容创作等复杂任务，使人机交互近似于真人之间的互动，其能力也越发接近人类智能，甚至可以部分替代人类智能[2]。善于“对话”的 ChatGPT 在智能回复咨询问题方面具备良好的应用前景，可实现与人类的自然交互与对话。研究表明，以 ChatGPT 为代表的对话式人工智能比传统的基于知识库的聊天机器人能够更好地理解用户需求并提供更具人性化的咨询服务[3]。可以根据学生、教师、家长或公众提出的咨询问题，如学校概况、发展规划、招生信息、校园生活、相关管理政策等，生成相关的答案或建议，从而大幅度降低学校的行政成本。在应用 ChatGPT 或其他大模型的基础上，丰富特定领域的知识库对提高聊天机器人咨询回复的准确性至关重要。

（1）构建学校知识库

构建全面的学校知识库是实现智能咨询回复的基础。通过对学校内外的知识进行获取、加工、存储、分享与应用，实现学校知识的传承和创新，从而提高学校教育效能[4]。学校知识库中的知识包括学校的发展历史与文化传统、政策文件、规章制度、

---

1 Wadinambiarachchi S, Kelly R M, Pareek S, et al. The Effects of Generative AI on Design Fixation and Divergent Thinking［C］//Proceedings of the CHI Conference on Human Factors in Computing Systems, 2024: 1－18.

2 王学男，李永智. 人工智能与教育变革［J］. 电化教育研究，2024，45（08）：13－21.

3 Panda S, Kaur N. Exploring the viability of ChatGPT as an alternative to traditional chatbot systems in library and information centers［J］. Library hi tech news, 2023, 40（3）: 22－25.

4 金玉梅. 学校知识管理的模型与实施［J］. 中国教育学刊，2011，（02）：25－27.

学术资料，也包括学校发展历程中积累的教学与管理经验、教案、支撑师生发展的各类学习资源等。学校知识库的应用场景十分广泛。对于家长和社会公众，知识库可以作为宣传手册，提供关于学校招生和办学特色的全面解答。对于教职工，知识库可以成为培训资料的重要来源，助力其专业发展。对于学生，知识库可以提供全面的校园服务指南，包括从入学手续到校园生活各方面的详细信息。在行政管理方面，知识库可以详细说明各个办公流程，提高行政效率。在学术研究方面，知识库可以整合各类研究资源，如图书馆资料、实验室设备信息等，为研究人员提供便利。

随着技术的不断发展，学校知识库的功能和形式也在不断演进，在智能技术的加持下会看到更加多元化的知识呈现形式，如虚拟现实（VR）或增强现实（AR）技术的应用，使知识获取变得更加直观和沉浸式。人工智能技术的快速演进，为知识库注入智能化的元素，知识库与大模型的结合能够为学校信息检索和咨询服务提供强大助力，如图 2－4 所示。以 ChatGPT 与知识库的结合为例，ChatGPT 可以通过学习海量数据来处理复杂的自然语言处理任务，而知识库则可以提供准确、全面的背景知识支持，增强其生成内容的可解释性。同时，ChatGPT 也可以为知识库提供新的知识和信息来源，促进知识库的更新和发展。现阶段语言模型的大规模训练语料库来自互联网，可能会产生错误信息[1]。因此，可以由领域数据集对基础模型

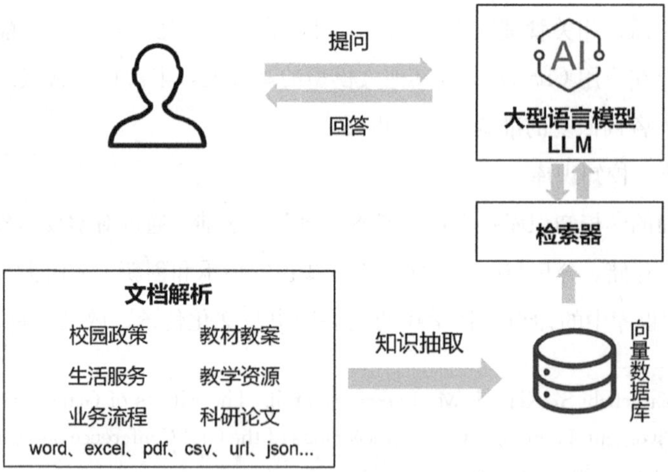

图 2－4 “大模型＋学校知识库”的聊天机器人结构图

1 Glaser N. Exploring the potential of ChatGPT as an educational technology: An emerging technology report [J]. Technology, Knowledge and Learning, 2023, 28 (4): 1945－1952.

进行微调来支撑特定业务，“大模型微调＋构建本地知识库”的方案既能发挥模型生成内容的智能性，同时又保障生成内容的规范性和准确性[1]。

（2）咨询回复代理

聊天机器人、智能会话代理等多种形式的智能咨询回复系统在教育机构中的应用日益广泛，承担了大量过去由人工负责的问题解答任务。这些应用大多遵循预先设定的脚本，缺少情境理解能力，只能处理一些预设性问题，对复杂性问题的处理能力较弱，在对话过程中有些生硬和机械化[2]。而 ChatGPT 以深度学习为基础，在上下文语义理解、思维链推理等方面表现强大，表 2－1 展示了传统聊天机器人与基于 ChatGPT 的智能代理的区别对比。基于 ChatGPT 的咨询回复代理不仅能够处理预定义的问题，还能够理解和回答开放领域的复杂问题，可以有效满足学校咨询服务在对话内容匹配和内容生成方面的需求，在降低服务沟通成本的同时良好地应对复杂多样的个性化用户需求。

表 2－1　传统聊天机器人与基于 ChatGPT 的智能代理对比

	聊天机器人	基于 ChatGPT 的智能代理
检索方式	关键词检索	大规模语料库
能力范围	解答预设问题，范围有限	解答开放问题，范围扩展
语义理解能力	不支持上下文情境理解	支持上下文情境理解
学习能力	无法根据用户反馈优化	根据用户反馈迭代优化
用户体验	生硬机械	体验感类似真人

在实际应用中，基于 ChatGPT 的智能回复代理展现了显著的效果。以美国佐治亚理工学院为例，该校本科生招生执行主任里克·克拉克指出，在佐治亚州，辅导员与学生的平均比例为 1∶300，导致许多学生在招生申请过程中无法获得充分及时的反馈和帮助。ChatGPT 的引入使学校不仅能够高效率地为海量咨询者提供咨询服

1　王翼虎，白海燕，孟旭阳. 大语言模型在图书馆参考咨询服务中的智能化实践探索 [J]. 情报理论与实践，2023，46（08）：96－103.

2　臧雷振，张晴. 生成式人工智能与公共服务中的行政负担：减压助手还是增压工具？[J]. 浙江学刊，2024，（02）：60－71＋239－240.

务，而且使招生咨询更加普惠化，让每一名潜在学生都能获得及时、准确的信息支持。

另一个成功案例来自印度尼西亚的迪亚努斯万托罗大学（Universitas Dian Nuswantoro）。该校开发了名为 DINA（Dinus Intelligent Assistance）的智能 chatbot 系统，专门用于处理与大学招生服务相关的问询[1]。DINA 采用动态知识库，能够根据新的政策、程序变化和学生反馈不断更新，确保信息的准确性和时效性。基于知识库和机器学习方法，DINA 能够理解并回答学生关于学校政策、入学程序、奖学金等方面的问题。通过整合学校的常见问题解答（FAQs）资源，DINA 不仅提高了信息获取的便捷性，还大大减轻了招生办公室工作人员的负担。

韩国延世大学的研究进一步证实了智能咨询系统对减轻行政工作负担的积极作用[2]。研究人员开发了一个基于 KakaoTalk（一款韩国流行的聊天应用）的 FAQ chatbot，并在大学行政办公室进行了实验。结果显示，在引入 chatbot 后，通过电子邮件接收的学生询问数量显著减少，行政人员感知的工作负荷（通过 NASA-TLX 量表测量）也有所降低。这表明，智能咨询系统不仅能够提高信息服务的效率，还能切实提升行政人员的工作体验。

从上述应用案例可以看出，知识库为信息检索提供了更准确、全面的结果依据，帮助 ChatGPT 等智能回复代理更快地定位用户所需信息。在智能问答环节，ChatGPT 的应用能够大幅度节省人力和时间，在提高咨询效率的同时，也提高咨询服务的及时性和满意度。在实践中，学校可以将 ChatGPT 接入自动化办公系统（OA）、一站式服务平台、智慧校园等系统中。首先，要整合校内资源构建学校知识库，全面收集学校各项管理工作资料，如招生政策、学校概况、发展规划、规章制度、财务后勤管理、数据年报、常见问题解答等资料和信息，以电子文档或网页链接的形式将这些信息输入知识库系统中。其次，通过系统提供对内和对外的智能化咨询回复，预先设计对话策略，包括问题澄清、信息提供、跟进询问等环节，也可

1　Santoso H A，Winarsih N A S，Mulyanto E，et al. Dinus Intelligent Assistance (DINA) chatbot for university admission services ［C］ //2018 International Seminar on Application for Technology of Information and Communication. IEEE，2018：417-423.

2　Lee K，Jo J，Kim J，et al. Can chatbots help reduce the workload of administrative officers? -Implementing and deploying FAQ chatbot service in a university ［C］ //HCI International 2019-Posters：21st International Conference，HCII 2019，Orlando，FL，USA，July 26-31，2019，Proceedings，Part I 21. Springer International Publishing，2019：348-354.

以细化问题分类体系，如学校简介、招生政策、奖学金政策等类别。最后，应持续跟踪并优化问答策略，对准确性或恰当性不足的回复，应提供具体的修改建议，引导 ChatGPT 进行持续的自我优化。

2.2 教务管理的高效支持

随着人工智能技术的不断进步，学校教务管理的模式也在朝向更加智能、更加人性化的方向发展。ChatGPT 在学校教务管理领域的应用主要包括智能排课、数据处理与分析和校本课程设计等。

2.2.1 智能排课

排课是学校教务管理中的重要环节，关系到教学资源的合理配置与利用。ChatGPT 能够高效处理大量数据并能理解复杂的自然语言，对于排课任务可以综合考虑教师资源、教室资源、学生需求等多种因素，自动生成合理的课程表，并具备冲突检测和灵活调整的能力，确保教学秩序的稳定。

首先，ChatGPT 可以实现简单高效的智能排课。它基于深度学习技术，具备自然语言交互能力，能够与用户进行流畅的对话。这种交互友好性使得用户能够更轻松地参与排课过程，提升用户体验。并且，ChatGPT 能够理解和分析复杂的排课规则与约束条件，如教师授课时间冲突、学生课程选择偏好、教室容量限制等。基于这些规则，模型能够迅速生成多种排课方案，并通过优化算法从中挑选出最优解。同时，智能算法在生成课表时能够全面考虑诸多复杂因素，如教师专长、学生学习规律、课程难度分布等，避免将难度较大的课程过度集中，合理分配教师的工作负荷，从而制订出更加科学合理的课程安排。教务人员可以通过聊天的方式让 ChatGPT 自动完成排课任务。一是输入课程和人员信息，包括学科、课时、教师等；二是提出特殊的排课要求，如“教师不能连上两节课”；三是根据生成的课程表进行微调。

除此之外，ChatGPT 能够支持灵活的资源配置，实现“一人一课表”。可以将其集成于教务系统中，根据每名学生的选课偏好、学习进度、时间安排等具体情况为学生定制专属的个性化课表。例如，在线教育公司 iTutorGroup 自主研发了动态课程生成系统 DCGS（Dynamic Course Generation System），借助大数据和人工智能算法，针对超过三万份教材、两万多位老师、1.8亿人次的学习进程做特性分析，标注不同属性的标签。该系统通过标签自主帮助学员依据兴趣、背景、能力等特质量身定制课程，并在每一堂课中精准匹配最适合学员的老师、教材和同学。同时，该系统还会根据学员自我测评、老师评价等相关参数，动态调节学员所学的课程，形成个性化的教学安排。

2.2.2 数据处理与分析

ChatGPT凭借数据理解和计算能力，既可以分析表格数据和文本数据，也能够分析大型的多模态数据集。在教务数据处理与分析方面，ChatGPT已经能够很好地解决数据清洗、比对等问题，大幅度减少教职工对数据进行人工过滤、排序、标记和理解的时间，并且凭借其多模态内容的理解和生成能力，能够对不同类型的教育数据进行可视化分析和解读。

（1）数据处理

教务人员经常要处理大量的表格数据，如统计学生成绩、核对教师课时以及学生学籍信息等，尽管可以通过表格函数或Python编程等方式进行数据处理，但这类方法存在一定的技术难度，并不适用所有员工。ChatGPT能够理解自然语言，只需通过简单的指令便可完成数据处理工作，提高工作效率。

Code Interpreter是一款集成于ChatGPT中的数据处理插件，该插件使用Python中的自然语言处理工具包，支持多种数据格式的读取、处理和可视化。此外，Code Interpreter还具备文件操作功能，能够读取、写入多种格式的文件，并进行相应的数据转换。该插件的设计理念是降低数据分析的技术门槛，让使用者无须掌握编程语言，在对话界面中通过简洁的自然语言指令即可完成数据分析、数学计算等复杂任务。

阿德尔·内姆（Adel Nehme）是在线学习平台DataCamp的媒体副总裁，他分享了利用Code Interpreter分析加拿大统计局提供的CPI通货膨胀数据的应用案例，展示了ChatGPT在处理复杂实际数据集方面的卓越能力。在数据清洗阶段，面对包含重复值、缺失数据、大量编码信息和地理编码的原始数据集，Code Interpreter能够自动处理重复项、填补缺失值、解码编码信息等问题，大大提高了效率，同时保证了数据质量。随后，Code Interpreter自动选择适当的图表形式，将清洗后的数据转化为可视化的形式。阿德尔·内姆表示，尽管该工具并非完美，但相比传统的数据分析工具，Code Interpreter 展现出了令人瞩目的潜力。

学校管理人员在处理复杂数据时，可以将数据以 excel 表格或 csv 文件格式输入 ChatGPT 中，输入指令对数据进行处理，例如：数据格式转换，指定小数位数，日期格式转换等；数据核对，比较多个表格文件中的相同列信息是否一致；数据分组，快速对数据进行排序、筛选、分组，如按考场对学生进行分组；数据统计，合并来自不同数据源的数据；数据清洗，识别和处理异常值，填补缺失数据。

（2）数据可视化与分析

通过对处理后的数据进行深入分析，ChatGPT 能够揭示潜在的教育规律和趋势[1]。ChatGPT 能够用可视化的方式将复杂的数据分析结果转化为直观、易懂的图表和图形，可以根据数据的特性和分析目的，自动选择最适合的可视化方式，如折线图、饼状图、柱状图、散点图、甘特图、热力图和三维态势感知图等。这些可视化结果不仅便于教务人员快速理解和解释数据，还能为教育决策提供参考。

案例 1

利用 Code Interpreter 绘制交互式热图

一位研究者利用上述提到的 Code Interpreter 插件绘制了澳大利亚历史上所有记录在案的鲨鱼袭击事件热图。研究者输入长达 200 多年的鲨鱼袭击数据，Code Interpreter 随后生成了一个交互式热图，以澳大利亚地图为背景，通过不同颜色和密度直观地呈现了袭击事件的地理分布和频率，并用颜色编码反映了不同类型的袭击结果，从而提供了更为丰富的数据维度。此外，热图还具备交互功能，用户可以通过悬停操作获取每次袭击事件的详细信息，大大增强了数据的可读性和分析深度，这些复杂的功能都被整合到了一个本地 HTML 文件中。这一案例将冗长的数据记录转化为直观、信息丰富的可视化图表，有助于用户发现数据中潜藏的趋势，从而为进一步科学探究和政策制定提供重要参考。

1 Ellis A R，Slade E. A new era of learning：considerations for ChatGPT as a tool to enhance statistics and data science education [J]. Journal of Statistics and Data Science Education，2023，31（2）：128－133.

案例 2

自动化数据探索系统 InsightPilot

马平川等人设计了一个自动化数据探索系统 InsightPilot，巧妙地结合大型语言模型和专业的洞察引擎，在理解用户提出的自然语言问题的基础上，模仿数据分析师的方法自动生成相应的分析序列，实现高效的数据分析[1]。首先，用户针对输入数据提出问题，如“学生的数学成绩有什么趋势”；接下来，InsightPilot 根据情境产生一个初始洞察，如“A 校的平均成绩排在第 1 位”，通过洞察引擎与大模型的不断交互，产生一系列分析动作如理解、总结、比较和解释等，不断优化洞察结果，如“学生的数学成绩随着时间的推移不断提高”，“大部分学校的数学成绩呈上升趋势，只有 C 校在 2020 年出现了异常值”；最后，InsightPilot 使用自然语言结合图表的形式对结果进行总结。该研究在真实数据基础上验证了模型的有效性，能够帮助用户通过自然语言自动获得数据分析结果。

此外，大模型不仅能够通过数据绘制图表，还能够分析和解读图表。K. Choe 等人探究了如何利用大模型帮助数据可视化领域的新手理解和解读复杂图表。研究团队开发了一个基于大模型的交互界面，支持用户通过文本和视觉交互来理解图表[2]。研究发现，大模型的情境支持和视觉交互功能受到用户欢迎，可以有效帮助解答与图表相关的具体问题并纠正误解。视觉交互使用户能更直观地表达关注点，减轻了构建文本查询的负担，而视觉响应则增强了用户对图表的持续参与。然而，研究也发现，过度依赖可能导致用户减少与图表的直接交互，从而获得较少的洞察。这种影响在数据素养较低和学习动机较弱的用户中更为明显。数据分析经验较丰富的用户倾向于将大模型作为补充工具，主动与图表交互；而经验较少的用户则更加依赖工具，减少了直接探索图表。尽管视觉交互功能显示出增强用户与图表互动的

---

1 Ma P, Ding R, Wang S, et al. InsightPilot: An LLM-empowered automated data exploration system [C] //Proceedings of the 2023 Conference on Empirical Methods in Natural Language Processing: System Demonstrations, 2023: 346 - 352.

2 Choe K, Lee C, Lee S, et al. Enhancing Data Literacy On-demand: LLMs as Guides for Novices in Chart Interpretation [J]. IEEE Transactions on Visualization and Computer Graphics, 2024.

潜力，但研究者指出，需要进一步研究以平衡智能工具辅助和用户自主探索。

2.2.3 校本课程设计

ChatGPT 可以成为校本课程设计和开发的辅助工具，能够提供创意思路，协助检索和整理课程资料，生成完整的课程材料，从而满足学生的个性化学习需求。在课程开发方面，ChatGPT 能够根据教师提供的课程目标、主题、关键词等，为教师提供课程设计和教案撰写的思路，生成课程大纲、教学目标、教学方法、教学活动等，ChatGPT 的回答如图 2-5 所示。比如，输入“请以物联网实践与探索为主题设

物联网实践与探索项目化学习课程设计

课程概述

本课程旨在通过物联网项目的实际操作和协作学习，帮助初中二年级学生理解物联网（IoT）的基本概念，培养他们的合作探究能力和计算思维。学生将通过一个探索项目的设计，参与物联网设备的搭建、数据采集与分析，从而更好地理解物联网的应用与意义。

课程目标

1. 了解物联网的基本概念和典型应用场景。
2. 培养学生的合作探究能力，通过小组合作完成项目。
3. 初步掌握数据采集、处理和分析的基础知识。
4. 培养学生计算思维，理解物联网技术在生活中的实际应用。

项目主题示例

- **智能家居**：了解和探索如何利用物联网技术实现家庭设备的远程控制和自动化。
- **环境监测系统**：设计和搭建一个系统，用于实时监测温度、湿度、空气质量等环境参数。
- **智慧农业**：探讨物联网技术在农业中的应用，如土壤湿度监测与自动灌溉系统。
- **智能交通系统**：研究物联网在交通管理中的应用，如智能信号灯、车流监控等。

课程流程

第一周：课程引入与主题设计（2课时）

- 引入物联网基础知识（定义、发展历程、典型应用）。
- 学生分组并选择项目主题，制定小组合作计划。

图 2-5　利用 ChatGPT 进行课程设计（节选）

计适合初中二年级学生的项目化学习课程，课程目标是培养学生的合作探究能力和计算思维”，ChatGPT 会给出一份详细的课程方案，包括课程目标、课程结构和评估方式等，并给出多个供选择的项目主题，如设计智能温控植物箱等，教师可以选择其中的主题进行更详细的方案设计。在课程内容方面，ChatGPT 不仅可以提供与时俱进的学习内容，还能够在人机互动的对话过程中动态提供文本、图片、视频等多种类型的学习资源，满足不同学习者的需求和偏好。在课程评估方面，评价标准不再局限于知识的掌握程度，通过 ChatGPT 可以构建基于人机交互的过程性评价体系，如在对话过程中体现合作、探索、反思、创新和问题解决能力。

韩国的研究团队探究了利用 ChatGPT 开发完整课程方案和计划的可行性及其效果[1]。该研究采用案例研究方法，针对一门面向研究生的“AI 与教育”课程进行设计和实施，并收集学生的反馈和研究者的观察。研究发现，学生普遍认为课程内容组织良好，易于理解，对课程体验总体感到满意。ChatGPT 能够生成连贯、全面的课程主题和子主题，大幅缩短课程设计时间，结合其他 AI 工具还可以快速生成高质量的演示幻灯片。与传统课程相比，这种课前内容设计不仅激发了学生的学习动机和兴趣，还显著提升了课程的趣味性。研究结论认为，ChatGPT 等智能工具可以作为课程设计的有力辅助，但教育者仍需保持批判性思维，验证信息并根据具体教学情境进行调整。

有研究以面向法律专业研究生的“法律英语”课程为例，详细阐述了如何运用 ChatGPT 辅助课程设计、教学大纲制定和教材编写[2]。该研究利用 ChatGPT 生成课程主题、学科能力列表、课程大纲、推荐阅读文献等内容，大大提高了课程开发的效率。在教材编写方面，ChatGPT 可以生成各种类型的练习题、讨论话题和写作任务，为教师提供丰富的教学资源。该研究结果表明，ChatGPT 作为一种人工智能工具，在专业英语课程开发中具有显著优势，能够为课程设计提供创新思路和丰富教学资源等有效支持。然而，该研究也强调人工智能在教育中应用的局限性，机器生成的内容并非完美无缺，在课程开发中应平衡人工智能生成的内容和教师的专业指导，仍需教师进行审核、分析和调整，以确保课程的有效性和准确性。

---

1 Davis R O, Lee Y J. Prompt: Chatgpt, create my course, please! [J]. Education Sciences, 2023, 14 (1): 24.

2 Kostikova I, Holubnycha L, Besarab T, et al. ChatGPT for Professional English Course Development [J]. International Journal of Interactive Mobile Technologies, 2024, 18 (2).

有研究者探讨了 ChatGPT 在教学设计中的应用潜力，以及它是否能够替代人类教师进行课程设计[1]。研究者选取八年级数学和九年级英语两门课程，分别让人类教师、ChatGPT－3.5 和 ChatGPT－4.0 设计五份教案。评估标准基于中国青年教师竞赛和优秀教案评分指南，涵盖教学目标设计、教学内容设计、教学过程设计、教学方法设计以及规范性和创新性五个方面，由 10 位英语和数学专家匿名评分，采用 7 分制量表。研究结果表明，ChatGPT 在教学目标设计、教学内容提取和教学过程安排等方面表现出一定能力，能够生成相对完整和目标导向的教案。然而，在教学内容的深度分析、教学重难点把握、师生互动设计以及创新性应用等方面，ChatGPT 仍存在明显不足。人类教师在这些方面则表现出明显优势，能够更好地结合学生认知水平和教学实际情况进行设计。研究者认为，尽管 ChatGPT 展现出快速高效的内容创建能力和“类人”的语言交互模式，但由于算法局限性，它提出的内容往往过于“模式化”和“常规化”。

值得注意的是，以上三个案例均指出 ChatGPT 有潜力成为辅助教师备课的有效工具，但不能完全替代教师的专业判断和个性化设计。教学过程的本质是促进人类自主思考和情感判断，而非仅依赖理性计算和机械练习，因此，在充分利用技术优势的同时，要充分考虑道德伦理风险。

为规范教师利用 ChatGPT 开展教学设计，穆斯塔法·卡迈勒·穆萨（Moustafa Kamal Moussa）提出了一个生成式预训练转换器教学设计（GPTID）模型，旨在指导教育工作者有效地将 GPT 整合到教育环境中[2]。GPTID 模型包含七个关键阶段，为教育工作者提供了一个结构化的方法来利用 GPT 技术提升学习成效，如图 2－6 所示。这七个阶段分别是：

（1）需求分析：这一阶段涉及全面评估学习挑战、学生特征、教育目标和环境条件。

---

1 Li Y，Liu J，Yang S. Is ChatGPT a Good Middle School Teacher? An Exploration of its Role in Instructional Design ［C］ //Proceedings of the 3rd International Conference on New Media Development and Modernized Education，NMDME 2023，October 13－15，2023，Xi'an，China，2024.

2 Moussa M K. Towards Reliable Utilization：An Instructional Design Model for Integrating Generative Pre-trained Transformer （GPT） in Education ［M］ //Artificial Intelligence in Education：The Power and Dangers of ChatGPT in the Classroom. Cham：Springer Nature Switzerland，2024：481－496.

（2）GPT 工具规划：包括分析可用的 GPT 工具，选择最适合的工具，并确定其能力和局限性。

（3）伦理框架：制定处理 GPT 内容生成相关伦理问题的行为准则，并定期更新以符合最新的 AI 伦理标准。

（4）提示工程：设计有效的提示以引导 GPT 生成适当的响应，并验证这些提示的有效性。

（5）实施：包括向学生提供使用指导、部署提示、接收和分析 GPT 生成的响应，以及将内容与学习目标对应。

（6）评估：评估 GPT 整合对学习成果的影响，分析学生表现，并制定改进策略。

（7）建议：基于评估结果提出改进策略，并为未来 GPT 在教育中的应用提供见解。

GPTID 模型的一个显著特点是其对伦理考量的强调。模型要求制定严格的伦理指南，处理诸如信息验证、偏见、虚假信息和剽窃等问题。

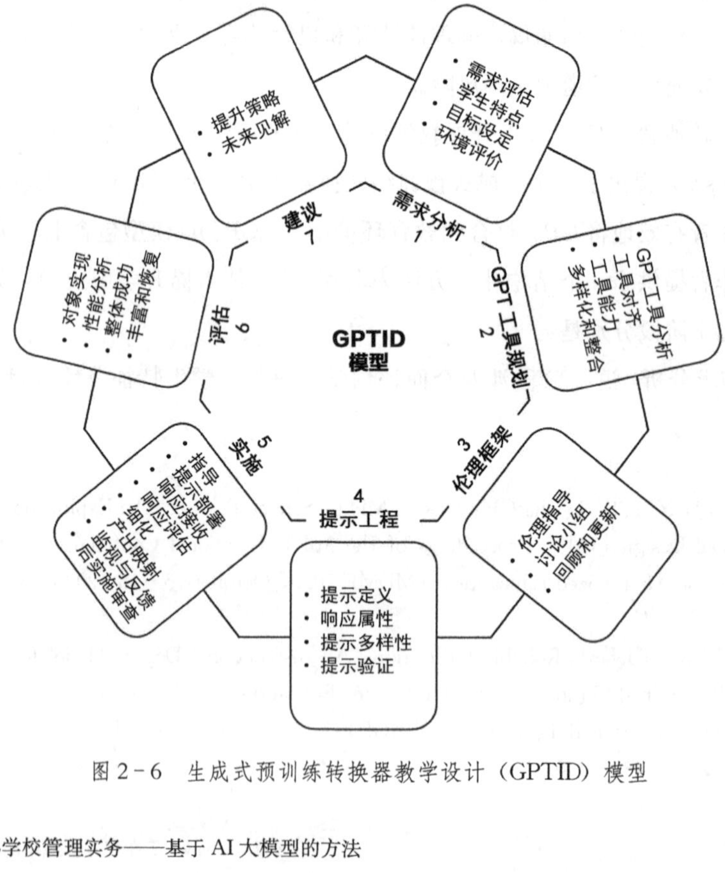

图 2－6　生成式预训练转换器教学设计（GPTID）模型

2.3 人事管理的智能优化

ChatGPT 在学校人才队伍建设方面也具有一定的应用潜力，技术的使用能够增强选拔过程的客观性和全面性，为学校精准识别并吸引教育人才提供强有力的支持，可以将其深入到教师招聘、面试、绩效考核等人事管理环节。

2.3.1 人才聘用与选拔

长期以来，学校招聘一直面临着岗位与候选人精准匹配的难题，无论是笔试还是面试环节，仅依靠面试官的经验判断，无法充分了解求职者在各方面的能力、条件和性格特点，更难以预测其在未来的教学、科研、学生管理方面是否能够完全满足岗位要求[1]。面对这一难题，ChatGPT 可以成为学校自动化招聘流程的一部分，协助人事部门设计标准化的招聘流程，从简历筛选到面试等环节都能够发挥关键作用，为学校人事部门提供建设性的建议，帮助他们在招聘过程中进行选择和决策[2]。

（1）简历筛选和评估

2017 年 3 月，北美猎头公司 SourceCon 举办了一次行业竞赛，参赛者包括北美顶级的 8 位猎头和一个机器人 Brilent，他们需从 5 500 份简历中为三个不同岗位选择最合适的候选人。经综合评估后，最终胜出者是人类，耗时 25 个小时，机器人 Brilent 排名第三，仅用时 3. 2 秒，而其他团队分别花了 4 至 9 个小时。2017 年 8 月，中国也举行了一场类似竞赛，参与者为 5 位行业资深 HR 与 AI 机器人，目标是从 3 700 万份简历中筛选出 10 份最匹配的简历。结果同样是人类选手胜出，但完成整个比赛，机器人只用了 0. 015 2 秒，人类选手最快用时 14 分 51 秒，是机器人的 58 618 倍。

在以上两个案例的“人机大战”中，虽然人类参赛者在综合评分上略胜一筹，但人工智能在简历筛选效率上的优势是毋庸置疑的。人工智能不仅能够快速处理海量数据，还能提供候选人匹配度的详细分析，从而实现人才与职位的最优匹配。

---

1 张丽娜，夏庆利. 高校人力资源管理的现实困境与对策——基于大数据思维下高校人事档案信息化建设的探讨 [J]. 学术论坛，2016，39（04）：157 - 161.

2 Iswahyudi M S，Nofirman N，Wirayasa I K A，et al. Use of ChatGPT as a decision support tool in human resource management [J]. Jurnal Minfo Polgan，2023，12（1）：1522 - 1532.

ChatGPT 等生成式人工智能基于其广泛的训练数据和强大的泛化能力，可以自动生成岗位描述，快速分析大量简历，通过识别关键词、技能描述等信息，评估候选人的教育背景、工作经验与岗位的匹配度，提供更全面的候选人画像。

首先，ChatGPT 可以有效实现人才招聘的高效性。在招聘季，学校可能需要处理成百上千份简历，依靠人工逐一筛选不仅效率低下，而且容易遗漏优秀的候选人。ChatGPT 可以识别各类图片、文本和文件格式，实现简历信息的提取、抽离及格式化处理，并基于具体的人才需求指标如技能要求、资格证书和职业经历等进行简历筛选。

其次，ChatGPT 可以有效提高人才选拔的科学性。它可以快速从非结构化的简历文本中提取关键信息，并将其转化为结构化数据，包括学历信息（如学校、专业、学位）、工作经验（如职位、单位、时间段、主要职责）、研究成果（如论文发表、专利、项目）等，为后续的定量分析奠定基础。除此之外，ChatGPT 的强大之处在于深度理解和分析文本内容。例如，解读工作经历描述，评估候选人的软技能，如领导力、团队协作能力、问题解决能力等；识别简历中的关键词和表述方式，评估候选人的沟通能力和表达能力。图 2 - 7 展示了 ChatGPT 对一份应聘小学语文教师岗位的简历分析报告，通过这种个性化报告，学校可以更加系统和全面地了解每位候选人，从而作出更加明智的决策。这不仅提高了招聘过程的透明度和公平性，也为后续人才发展和管理提供了宝贵的基础数据。

最后，ChatGPT 有助于保证招聘的公正性与客观性，最大限度避免人为因素导致的不公平现象。基于数据和算法能够较为客观地评估每位候选人的教育背景、技能、经验等关键因素，有助于消除人为偏见，确保评估标准的一致性。

(2) AI 辅助面试

面试是评估候选人能力的关键环节。人工设置面试问题在很大程度上依赖于人事管理部门员工的经验。ChatGPT 可以基于求职者的简历和岗位需求，生成针对性的面试问题，深入挖掘求职者的专业能力、教学经验和教育理念，并辅助分析求职者的面试回答，使评估更加客观。

ChatGPT 可以通过进行简短的虚拟面试对求职者进行初步审查，这既能提高招聘的精准度，也能降低过程时间成本。国外 AI 面试头部企业 HireVue 公司为众多企业提供 AI 视频面试服务，一套标准的面试时间为 30 分钟，包括 6 个问题，在一场面试中可以从 1.5 万个维度对候选人进行综合评估，包括面部表情、眼神活动、肢作为学校的人事管理专员，以下是对这份简历的分析，以评估求职者是否适合担任小学语文教师：

优势分析

1. **符合岗位需求的教育背景**
   求职者拥有学前教育专业背景，修读的课程包括儿童发展与教育心理学、学前教育学、儿童文学和教育科学研究方法。这些课程为理解和支持小学生的心理发展奠定了理论基础，有助于在语文教学中灵活应用，符合小学教育的需求。
2. **相关的实习和助教经验**
   求职者在小学担任语文助教，协助班主任完成日常教学工作，参与设计了多个阅读兴趣主题活动，并组织了阅读角活动。这些经历表明她对小学语文教学有实际经验，能够较快适应小学语文教师的角色。
3. **必要的资格证书**
   求职者具备小学教师资格证、普通话证书和英语四级证书，这些证书符合小学语文教师的基本资质要求。特别是普通话证书，这是小学语文教师的重要资质要求之一，证明其在语言表达和沟通方面的合格水平。
4. **较强的教学技能和多媒体办公能力**
   求职者在教学技能方面表现良好，能够熟练掌握小学语文课程，熟悉多种教学方法和多媒体工具（如PPT），有助于提高课堂的互动性和教学效果。这些技能将帮助她应对现代小学教学中对信息技术和互动教学的需求。
5. **良好的荣誉背景**
   连续三年获得奖学金，并在全国大学生文学作品大赛中获奖，这表明她具有较强的学习能力和文学素养，符合小学语文教师对文学基础和语言能力的要求。
6. **积极的工作态度和责任心**
   在自我评价中，求职者提到了对教育的热爱、责任心和耐心，并具备与家长和

图 2-7　利用 ChatGPT 分析简历（节选）

体动作、声音高低、反应快慢等，并且可以根据不同职位调整评估标准。另一个应用案例是倍罗公司开发的基于 ChatGPT 的智能招聘应用 Bello-hrGPT，该产品利用大模型技术，能够提供智能化的候选人筛选和面试辅助。在简历筛选环节，基于岗位描述生成岗位画像，并对人才库中的候选人进行分析，生成人才画像，将二者进行人岗匹配并反馈给人事管理人员。在 AI 面试环节，将候选人的简历分阶段自动拆解，依据候选人的信息多维度地提出面试问题，包括工作时间、工作技能、团队合作能力、管理能力等方面，最后给出客观的候选人评估画像，从而减轻招聘人员的

工作负担，极大程度提高招聘的效率和准确性。

此外，在招聘人选确认过程中，最终决策环节往往充满挑战和复杂性，面对众多优秀候选人，如何作出最佳选择不仅关乎特定岗位的人才匹配，更影响学校的长远发展。在对应聘教师进行评价时，可以利用 ChatGPT 对应聘者进行全方位对比分析，辅助管理决策[1]。人类决策者可能受到个人偏好、情绪因素或认知偏差的影响，而 AI 系统的使用能够大大减少主观因素的干扰。例如，来自美国哈佛大学等高校的研究者探讨了如何应用大模型指导招聘决策[2]。该研究从得克萨斯州的一个大型公立学区收集了 1 373 份 K－12 教师职位的申请材料作为语料库，包括简历和录制的视频面试回答，问题回答主要是教学经验、课堂情况分析和其他与工作相关的主题，最终使用 801 份既包含简历又含有视频面试的完整申请作为实验数据。研究者使用 OpenAI 的 GPT－3.5 构建了一个自动化候选人评估流程，具体来说，对每位申请人，向 ChatGPT 输入：① 学校发布的职位要求描述；② 申请人的简历；③ 申请人自我录制的面试问题回答的文字记录；④ 要求模型用文字总结候选人的资格；⑤ 要求模型在从 1（绝对不要雇用）到 5（绝对雇用）的分制下，对经验、专业性、适合度和整体招聘建议进行评分。初步的评估显示评分具有表面有效性，评分最高的候选人通常具有更多的经验，并且对面试问题的回答比较低评分的候选人更加细致。

然而，我们也要认识到，AI 不应完全取代人类的判断。ChatGPT 应该被视为一个强大的决策支持工具，为人类决策者提供深入的分析和建议，而不是自动化的决策系统，最终的选择仍应由经验丰富的学校管理团队作出。充分发挥 AI 在人事管理领域的潜力，关键在于找到技术能力与人类智慧的最佳平衡点，使人工智能成为学校管理者的强大盟友。

2.3.2 教职工绩效考核

学校在对教职工进行绩效考核时，人事部门需要根据固定的评价指标对每位教师进行全方位的调查，如教学工作量、考勤、科研、教师评价、获奖情况等，需要

1 钟秉林，尚俊杰，王建华，等. ChatGPT 对教育的挑战（笔谈）[J]. 重庆高教研究，2023，11（03）：3－25.

2 Gaebler J D, Goel S, Huq A, et al. Auditing the Use of Language Models to Guide Hiring Decisions [J]. arxiv preprint arxiv, 2024.

整合多维度的数据和多方面的评价进行整体性的分析，这个过程需要大量人力的参与且具有一定的重复性，并且存在主观性强、指标单一、难以全面评估等挑战。人工智能技术的发展为教职工绩效考核带来了新的可能性，不仅可以辅助分析可量化的考核指标，还能深入分析难以量化的文本数据，提供更加全面、动态、个性化的绩效考核模式[1]。

（1）多元化考核评估

借助 ChatGPT 可以构建多元化的评估指标，大模型可以整合多种数据源，如学生评价、同行评审、教学录像等，不仅关注教学结果，还重视教学过程、教学方法以及师生互动等多个方面，通过数据分析与人工智能技术结合，为教师教学能力提供全面、客观的评价。ChatGPT 在教职工绩效考核中体现出强大的数据整合和分析能力优势。它能够同时处理和分析来自多个源头不同类型的数据，包括教学系统的教学工作量、教研系统的研修活动参与度、科研系统的论文课题研究成果等。这种全方位的数据收集和分析，使得绩效考核不再局限于少数定量指标，而是能够构建一个更加全面、立体的评估体系。通过解读课堂教学录像，ChatGPT 可以分析教师是否能够根据不同学生的学习风格和需求，灵活运用多种教学方法，如小组讨论、项目式学习等，分析课堂对话、学生反馈等数据，评估教师与学生之间的互动质量。ChatGPT 还可以评估教师对数字技术的使用情况，如多媒体教学、在线学习平台等。

ChatGPT 的另一个重要应用是提供深度的定性分析和反馈。自然语言处理能力使 ChatGPT 能够有效处理来自多主体评价如自我评价、学生评价、同行评价、专家评价的非结构化文本数据，通过对大量评价意见的分析，ChatGPT 可以识别出学生普遍反映的问题，以及教师的教学特色和优势。

有研究者利用深度学习技术，特别是自然语言处理相关技术对大量课程评论进行情感极性和主题分类，以便自动化和高效地分析学生反馈。[2] 研究人员从在线学习平台收集了约一万条课程评论作为研究数据，对比了 SVM 等传统机器学习模型

---

1 Budhwar P, Chowdhury S, Wood G, et al. Human resource management in the age of generative artificial intelligence: Perspectives and research directions on ChatGPT [J]. Human Resource Management Journal, 2023, 33 (3): 606 - 659.

2 Koufakou A. Deep learning for opinion mining and topic classification of course reviews [J]. Education and Information Technologies, 2024, 29 (3): 2973 - 2997.

和 BERT、RoBERTa、XLNet 等深度学习模型在文本情感极性分析和主题内容分类任务上的表现，其中情感分析任务将评价分为正面和负面两类，主题内容分为网络开发、编程、数据科学和非编程四类。结果表明，基于深度学习的语言模型在情感分析任务中表现优异，而传统方法在主题分类中仍有优势。该研究展示了如何利用语言模型从大量非结构化的课程评价文本中挖掘有价值的信息，以实现对评价内容和反馈的自动化分类与分析，能够为教育决策提供有效的数据支持。另外有研究探讨了利用 ChatGPT 作为文本标注工具进行情感分析的可行性和效果，对约 6 000 条足球比赛评论和约 2 000 条购物平台产品评价进行情感分析[1]。研究结果表明，ChatGPT 在情感分析任务中展现出优异的性能，准确率远超 VADER、TextBold 等基于词汇规则计算的方法，ChatGPT 能够有效理解上下文、讽刺和表情符号等复杂语言表达。

以上两项研究验证了人工智能技术特别是基于大模型的 ChatGPT 在理解复杂语言表达方面显示出的显著优势，它们能够深入理解和分析评价文本，有助于实现对教职工绩效的科学化、多元化评估。

(2) 增值性考核支持

“一刀切”的考核方式难以准确反映每位教职工在其特定岗位上的贡献，借助 ChatGPT 则可以实现个性化的绩效考核，不仅能够根据不同角色定制多样化的考核标准，还能够关注个体发展过程，实现增值性考核。

一是根据角色定制多样化的考核标准。ChatGPT 可以通过分析岗位描述、工作内容和历史绩效数据，为不同角色生成量身定制的考核标准，根据岗位职责、学科特点、职业发展阶段等因素，动态调整评估标准和权重。例如，对于承担行政管理职责的教师，管理效率、团队协作和制度创新可能会成为重要的评价维度；对于班主任，会更加重视学生管理、家校沟通、班级文化建设等方面的表现；对于刚入职的年轻教师，可以更加注重其教学能力的提升和研究潜力的展现；而对于资深教师，更强调其在学科引领和人才培养方面的贡献。这种灵活的考核标准能更好地激励每位教职工在其最具优势的领域发挥才能。

二是关注过程，以进步和发展作为评价的核心，实现增值性考核。简单地比较绝对结果可能会忽视许多教师在特殊情况下付出的努力，ChatGPT 的优势在于它能

---

1 Belal M, She J, Wong S. Leveraging chatgpt as text annotation tool for sentiment analysis [J]. arxiv preprint arxiv, 2023.

够持续跟踪和分析教职工的工作表现，识别出个体在不同时期的发展变化，建立教师发展动态数据库，确定每项要素的增幅。此外，它还可以基于增值性考核的结果，为教师提供个性化的职业发展建议，识别教师的发展短板以及在某些领域的潜力，推荐相应的学习资源。

基于 ChatGPT 的复杂语义理解能力和多模态数据处理能力，可以通过情境对话的形式，捕获和评估教师在师生互动和人机交互过程中所表现出的教学能力、价值观、情感态度、数字素养、创新思维等通过人工难以评价的发展指标。

第 3 章

ChatGPT 在教师专业发展中的应用

随着信息技术的迅猛发展，人工智能技术逐渐渗透到教育领域的各个层面，成为推动教师专业发展的重要力量。本章聚焦如何利用 ChatGPT 全方位赋能教师的专业成长，结合案例展示其在教师职业规划、学习计划制定、研修支持、资源智能检索与推荐以及教学研究与创新等方面的应用价值，体现它可以作为教师专业发展伙伴的潜力。期望本章内容能为教师的职业生涯规划和教育教学能力提升提供新的思路。

3.1 教师个性化学习与发展路径

教师的成长是推动教育创新与质量提升的关键驱动力。对接教师的个性化需求，ChatGPT 能为教师设计个性化的职业发展路径，助力教师明确方向、高效成长；ChatGPT 还能通过智能分析，为教师量身定制学习计划，推荐适配的学习资源和培训课程，促进教师专业技能与素养的全面提升。本节将结合具体的实践案例，深入探讨如何为教师量身定制职业发展蓝图，从职业规划的宏观布局到学习计划的微观实施，引领教师步入专业成长的快车道。

3.1.1 教师个性化发展路径设计

通过智能分析教师的背景信息、专业需求和发展目标，ChatGPT 能够生成个性化的职业发展路径，并推荐相应的学习资源和课程，为教师提供明确且具体的职业发展方向和实践建议，推动教师专业发展。

（1）协助制定教师职业规划

每个年级的每位教师在制定个人职业发展方案时，都可以从人工智能技术的发展中受益[1]。ChatGPT 凭借其智能分析能力，能够深入剖析这些信息，为教师

1 Whalen J, Mouza C. ChatGPT: challenges, opportunities, and implications for teacher education [J]. Contemporary Issues in Technology and Teacher Education, 2023, 23 (1): 1-23.

提供个性化的职业发展建议 [1]。根据教师的背景资料，ChatGPT 可以生成详细的职业发展路径方案，建议教师参与特定的培训课程、加入相关的专业组织，并指导教师如何有效地提升自己的教学技能和研究能力，从而帮助教师明确并实现其职业目标和发展方向。下面这段内容是示例提示。ChatGPT 的回复见图 3-1。

记忆已更新

为您生成一份详细的职业发展路径方案，包括短期、中期和长期的发展目标，以及相应的行动计划和推荐资源。

短期发展目标（1-2年）

1. 提升教学技能

- **行动计划:**
  - 参加教学法培训或工作坊，特别是聚焦于信息科技教学的现代化手段。
  - 观察并与有经验的教师进行课堂教学交流，借鉴他们的教学技巧。
  - 积极反思和调整自己的教学实践，通过定期自评和学生反馈来优化课堂设计。
- **推荐资源:**
  - 在线平台如Coursera或edX上的教学法课程（例如《Teaching with Technology》）。
  - 教学反思日记或博客，记录并分析课堂中的挑战与成功经验。

2. 加强教育研究能力

- **行动计划:**
  - 学习教育研究的基本方法论，可以从文献综述、质性和量化研究方法入手。
  - 参与学校的教育科研项目，或与同事合作进行小规模的研究实践。
  - 提交论文到教育学术会议或期刊，提高学术写作和研究成果展示的能力。
- **推荐资源:**
  - 书籍：《教育研究方法论导论》（如Creswell的《教育研究》）。
  - 期刊：教育技术相关的学术期刊（如《Educational Technology Research and Development》）。

图 3-1　ChatGPT 关于“职业发展路径方案”的回复（节选）

1　De Castro C A. A Discussion about the Impact of ChatGPT in education: benefits and concerns [J]. Journal of Business Theory and Practice, 2023, 11 (2): 28-35.

<角色>我是一名年轻的高中信息科技教师，具备［一定的学科专业知识基础］，但［在教学技能、教育研究能力以及课堂管理等方面］有些不足。我的职业目标是｛成为一名在信息科技领域内具有影响力的骨干教师｝，希望｛未来能参与或引领教育创新项目｝。</角色> <任务>请生成详细、具体且可行的职业发展路径方案（包括但不限于具体的行动计划、推荐资源、时间节点等。也可以提出额外的建议或注意事项）</任务>

（2）个性化学习计划的制订

制订并执行个性化的学习计划是教师专业发展的关键步骤。ChatGPT 能够根据教师的具体需求和目标，推荐合适的学习资源和培训课程，设计个性化的活动体验，让教师也能从中受益。

针对教师的学科领域和教学内容，ChatGPT 可以推荐相关的在线课程、学术论文和教学案例，帮助教师量身定制一套科学的学习计划。这不仅有助于促进教师的持续专业发展，还能够提高他们的教学水平和研究能力。下面这段内容是示例提示。ChatGPT 的回复见图 3－2 。

<角色>我是一名［拥有 10 年教龄］的［高中数学教师］想［不断提升自己的专业素养］和［教学能力］。为了更好地规划职业发展，｛从容应对可能出现的困难与挑战｝</角色> <任务>请生成一份个性化的、详细的，具有前瞻性又具备可操作性的教师专业发展学习计划</任务>

3.1.2 数字化研修支持

随着人工智能技术的引入，教师的专业研修过程正变得更加高效。通过信息检索与交互，ChatGPT 能够根据教师的个人需求、专业背景及教学目标，反馈相关性强的培训资源，帮助教师在海量信息中筛选出合适的学习材料。此外，ChatGPT 还能通过分析教师的研修成果，为教师提供个性化的改进建议，进一步提升教师教学能力与专业素养。

（1）在培训资源推荐中的应用

在教学研修过程中，优质的培训资源对于教师的专业发展有巨大的促进作用。面对体系庞大的学习资源，教育培训组织者或教师们往往难以筛选出适合自己的内容。ChatGPT 能够根据教师的个人资料、教学需求和兴趣爱好，在回答中推荐相关度高的培训资源和学习材料。下面这段内容是示例提示。ChatGPT

1. 专业知识提升

短期目标（1年内）

- **更新教材和教辅材料**：了解并使用最新的数学教材和教辅资源，特别是那些引入新的教学方法和技术的材料。
- **参加学术研讨会**：每年至少参加2-3个数学教育相关的研讨会或会议，关注最新的研究成果和教学策略。

长期目标（3-5年）

- **攻读高级课程或证书**：考虑攻读教育学硕士、数学教育硕士或其他相关领域的证书，提升理论知识和教学能力。
- **进行学术研究**：选择一个感兴趣的数学教育领域进行研究，争取发表学术论文或在专业期刊上发表文章。

2. 教学技能提升

短期目标（1年内）

- **学习新教学技术**：掌握和应用最新的教育技术工具，如智能白板、在线教学平台等，提升课堂互动性和效率。
- **课堂观察与反馈**：定期观察其他优秀教师的课堂教学，并邀请同行进行教学观察和反馈，找出自己的不足并加以改进。

长期目标（3-5年）

- **开发创新课程**：设计和实施基于项目的课程或混合式学习模式，增强学生的参与感和实际应用能力。
- **培训与指导**：培训和指导新入职的数学教师，分享自己的教学经验和策略，提升教学团队的整体水平。

图 3－2　ChatGPT 关于“教师专业发展学习计划”的回复（节选）

的回复见图 3－3。

＜角色＞我是一名［高中语文教师］，想［不断提升自己的专业素养］和［教学能力］。目前面临的困境是［如何激发学生对文言文学习的兴趣］。我对智能技术在教育中的应用抱有浓厚兴趣，但{个人技术基础尚浅}。＜/角色＞＜任务＞请推荐一些既［适合技术初学者］，又［能有效提升教学效果］的培训材料。帮助我在语文课堂中引入技术手段（如数字化教学资源或互动教学平台，以吸引学生的注意力，提高他们的学习积极性）＜/任务＞

(2) 研修成果的记录与改进建议

人工智能技术能够自动记录教师在平台上的学习和研修活动，并生成详尽的研修报告。这种功能在实际应用中已有先例，一些在线教育平台利用 AI 技术跟踪用户学习轨迹，生成学习报告。这些报告不仅能够帮助教师清晰地了解自己的学习进展

1. 数字化教学资源的使用

- **课程：Google Classroom 简介**
  - **推荐理由**：Google Classroom 是一个免费的数字化教学平台，界面简单，易于操作。你可以用它创建在线课程，发布课件和作业，进行课堂讨论等。
  - **学习内容**：基础操作、课程创建、资源上传、作业管理、与学生互动。
  - **时间投入**：2-3小时即可掌握基本操作。
  - **资源链接**：Google Classroom 教程
- **课程：利用Padlet创作互动式板书**
  - **推荐理由**：Padlet 是一个简单易用的在线互动板，可以用于创建富有创意的板书、分享资料、进行课堂互动。
  - **学习内容**：如何创建、分享和协作，结合语文教学进行板书设计。
  - **时间投入**：1-2小时。
  - **资源链接**：Padlet 快速入门教程

图 3-3　ChatGPT 关于“培训资源”的回复（节选）

和成果，还可以为他们提供具体的改进建议。将教师的学习记录数据发送给 ChatGPT，通过深入分析教师的学习数据，可以识别出教师在某些知识点或技能上的薄弱环节，并据此推荐相应的学习资源和策略，助力教师不断提升教学能力和专业素养。

案例

ChatGPT 支持数字化研修

李老师参加了主题为“数学核心素养培养”的初中数学在线研修项目，包含“数学建模入门”“逻辑思维训练”和“问题解决策略”等模块。将研修成果相关数据（每个模块中的学习时长、参与讨论的次数以及提交的作业质量等）进行数字化处理，并发送给 ChatGPT 进行分析，随后生成一份研修报告。

研修报告能以图表形式直观展示李老师的学习进度曲线。ChatGPT 通过深入分析李老师的学习数据和作业反馈，指出她在“逻辑思维训练”方面仍有提升空间，尤其是在处理复杂数学问题时，需要更加注重逻辑推理的严密性和条理性。通过搜索获取相关学习资源，包括在线逻辑思维训练课程、经典数学逻辑问题解析以及同行教师的优秀教学案例，鼓励李老师继续深化学习，不断提升教学水平。

需要注意的是，虽然这个例子是基于现实的合理推测，但随着技术的不断发展和应用的深入，我们有理由相信 ChatGPT 将在教育领域发挥愈发重要的作用，有力支持教师的专业成长和教学创新。

3.1.3 教学资源的智能检索与推荐

基于自然语言处理和机器学习算法，大模型能够显著优化教师的教学准备流程。它通过精准理解教师的具体需求，实现高效的教学资源检索，并智能推荐相关资料，从而大幅减少教师查找和筛选资料的时间，提升备课的便捷性、科学性和针对性。

(1) 在资源检索中的优势

得益于自然语言处理能力等技术发展，教师借助 ChatGPT 可以轻松通过自然语言查询快速检索到所需资源，无需烦琐的关键词组合和复杂的搜索逻辑，从而有效节省时间和精力。使用者只需使用自然语言简单描述自己的需求，ChatGPT 便能准确理解并推荐最相关、最具价值的教学资源。

下面这段内容是示例提示。ChatGPT 的回复见图 3－4。

已搜索 6 个网站

为了在高中美术课堂上生动展现中国美术史的精髓，以下是一系列高效且富有启发性的教学资源，均为近五年的资料，适合激发学生的兴趣并深化他们对中国美术史的理解：

1. **Asia Art Archive - Learn with Archives:** 这一系列短视频课程探讨了1949年以来中国美术教育的变迁，结合了不同年代的社会政治背景和艺术家的创新。课程涵盖了从1949年到现代中国的艺术教育发展历程，是深入了解中国现代艺术教育的重要资源 (AAA.org.hk)。
2. **Art History Teaching Resources - Chinese Art After 1279:** 该资源提供了关于中国艺术历史的丰富讲解，特别是强调了艺术传播与政治的关系。资源还包括当代艺术家的介绍，使学生能够更好地理解历史与当代艺术的延续性 (Art History Teaching Resources)。
3. **Smithsonian's National Museum of Asian Art - Timeline of Chinese History, Art, and Culture:** 这个时间轴资源详细展示了从周朝到现代的中国历史、艺术和文化发展。它为教师提供了一个结构清晰的参考框架，帮助学生理解各个时期艺术作品的背景和意义 (Asian Art Museum)。

这些资源既富有学术性，又能够以直观的方式吸引学生的注意力，帮助他们在学习中国美术史时建立起历史与艺术的紧密联系。这些资源能够在美术课堂上生动展现中国美术史的丰富内涵，并通过引入现代艺术家和历史背景，使学生获得更全面的理解。

图 3－4 ChatGPT 关于“高中美术课堂教学资源搜索”的回复

<角色>我是一名［高中美术教师］，为了在［高中美术课堂］上生动展现｛中国美术史的精髓｝</角色><任务>请推荐一系列［高效］且［富有启发性］的教学资源（要求是近五年的资料）</任务>

（2）个性化资源推荐案例分析

基于自然语言处理和机器学习技术，通过分析教师的独特需求和偏好，ChatGPT 能够向教师推荐个性化的资源，提高教师的备课效率和质量。

案例

ChatGPT 辅助生成个性化的资源

高中美术教师张老师在教授“中国美术史”课程时，经常通过 ChatGPT 检索和获取教学资源。通过资源筛选与比对，张老师对“宋代山水画”的讲解特别关注，且偏好使用高清图片和互动视频来辅助教学。

根据教师的独特需求和偏好，可以让 ChatGPT 生成个性化的资源推荐内容。比如，关于宋代山水画的最新研究论文、高清图片库、互动教学软件中的相关模块，以及其他教师分享的优质教案和教学视频等。

3.2 教学研究与创新的智能支持

教师的教学研究能力关乎教学质量，更关乎教育学科的发展。然而，进行高质量的教学研究并非易事，它涉及研究设计、数据收集和分析等复杂环节。ChatGPT 在这方面展现出了强大的辅助能力，可被视为教师的“助理”[1]。

3.2.1 支持教师深入开展教学研究

本小节通过案例分析展示 ChatGPT 如何助力教师设计与实施教学研究。ChatGPT 能够为教师提供精确的研究资料检索、科学的研究方法指导以及有效的数据解读建议，助力教师优化研究设计，提高研究的严谨性和实用性。

1 吴河江，吴砥. 生成式人工智能教育应用：发展历史、国际态势与未来展望［J］. 比较教育研究，2024，46（06）：13－23.

案例

ChatGPT 支持教学研究

李老师是一所初中的资深语文教师，拥有超过十年的教学经验。然而，近年来她发现有些学生在阅读理解和文学欣赏方面存在显著的困难。为了帮助学生克服这些难题，提升他们的阅读能力和兴趣，李老师决定开展一项关于“不同阅读教学策略对学生阅读理解能力影响”的教学研究。

在研究设计阶段，李老师首先向 ChatGPT 咨询了如何设计这项研究。结合李老师所给的研究目标、预期成果、可用资源以及学生群体的特点，大模型推荐采用“准实验设计”的方法，并解释这种设计如何在不随机分配学生的情况下，通过比较不同班级或同一班级内不同时间段采用不同教学策略的效果，来评估阅读教学策略的有效性。此外，ChatGPT 还提供了一份详细的研究计划模板，包括研究假设、变量定义、数据收集方法、数据分析方案等，为李老师的研究提供了系统的指导。ChatGPT 生成的准实验设计方案（节选）见图 3－5。

“准实验”设计可以为教育环境中难以实现随机分配的情况下提供有效的研究方法。以下是如何通过“准实验”设计来评估不同阅读教学策略对学生阅读理解能力影响的方案。

1. 研究假设

- **H1:** 不同阅读教学策略会显著影响学生的阅读理解能力。
- **H0:** 不同阅读教学策略对学生的阅读理解能力没有显著影响。

2. 研究设计

- 采用 **非随机对照组前后测设计** 或 **交叉时间系列设计**。

2.1 非随机对照组前后测设计

- **实验组** 和 **对照组** 是不同的班级，但未进行随机分配。
- 在实验开始前，两组都进行阅读理解前测（基准测试）。
- 实验组接受新的阅读教学策略，而对照组继续使用传统策略。
- 实验结束后，两组再进行阅读理解的后测，以评估教学策略对学生阅读理解能力的影响。

2.2 交叉时间系列设计

- 同一班级在不同时间段采用不同的阅读教学策略。
- 例如，先在第一阶段使用传统教学法，随后在第二阶段使用创新教学法。
- 每个阶段结束后进行阅读理解测试，比较学生在不同策略下的表现。

图 3－5　ChatGPT 生成的“准实验设计”（节选）

在研究实施过程中，李老师遇到了数据分析的难题。她决定使用SPSS软件进行数据分析，但对该软件操作不熟悉。对此，ChatGPT不仅可以提供SPSS的基础操作教程，还针对李老师的研究数据，推荐了合适的统计检验方法和图表呈现方式，并协助李老师进行数据的初步清洗和整理，确保数据的准确性和可靠性。

为了验证某种新的阅读教学策略的有效性，李老师收集了三个不同班级的教学案例。这些案例分别采用传统的讲授法、讨论法和基于问题的学习法（PBL）进行阅读教学。李老师将这三个案例的具体实施过程、学生表现、教师反馈等信息输入ChatGPT的对话框中。根据预设的评估标准（如学生阅读理解能力提升幅度、阅读兴趣变化、课堂参与度等），ChatGPT可以生成较为详细的案例分析报告，报告中包含教学策略的优缺点、学生表现的量化分析、教师反馈的汇总以及针对每个案例的改进建议。

（1）教学研究方法的指导与建议

通过与教师的互动，ChatGPT能够理解研究目标和研究问题，并根据这些信息提供定制化的研究设计方案。如果一位教师希望研究某种教学方法对学生学习效果的影响，可以借助大模型获得实验设计、调查研究或混合研究方法等信息，并了解每种方法的优缺点和适用情境。这种个性化的建议能帮助教师选择最合适的研究路径，确保研究的科学性和有效性。

数据收集是教学研究的关键环节，若方法选择不当或操作复杂，反而会影响研究质量。ChatGPT可以为教师推荐合适的数据收集工具和方法。对于需要收集学生反馈的研究，ChatGPT可以推荐使用问卷调查、访谈或观察法，并提供具体的设计和实施指导。此外，ChatGPT还能帮助教师设计问卷，确保所设计问题的科学性和有效性，并指导教师如何避免常见的偏差和误差[1]。

教师可以向ChatGPT咨询如何使用SPSS、R等统计软件进行数据分析[2]，它会

1 Opara E, Mfon-Ette Theresa A, Aduke T C. ChatGPT for teaching, learning and research: Prospects and challenges [J]. Global Academic Journal of Humanities and Social Sciences, 2023, 5 (2): 33－40.

2 Huang Y, Wu R, He J, et al. Evaluating ChatGPT-4.0's data analytic proficiency in epidemiological studies: A comparative analysis with SAS, SPSS, and R [J]. Journal of Global Health, 2024, 14.

提供详细的操作步骤和注意事项。教师可以询问如何进行 t 检验、回归分析或因子分析，它不仅会解释这些方法的原理，还会指导教师如何在软件中实施这些分析操作，并解读分析结果。这种支持大大降低了教师在数据分析方面的难度，使他们能够专注于研究的核心内容。

(2) 在教学案例分析中的应用

教师可以利用 ChatGPT 进行案例选择与比较。在输入多个教学案例后，ChatGPT 可以根据特定标准（如教学效果、学生反馈等）对这些案例进行分析和比较，帮助教师选择最优的教学实践。这种智能化的比较分析能有效节省教师的时间和精力，还提供客观的评价，帮助教师作出更加科学的决策，使评估过程更有效和高效[1]。

教师将具体的教学案例输入 ChatGPT 后，它能够分析教学方法、学生表现、教学效果等方面，并生成详细的结构化的报告。这些报告不仅包括定量数据分析，还结合定性分析，提供全面的见解。报告中可能包含教学方法的优缺点、学生的具体反馈、改进建议等，这些信息为教师提供丰富的参考资料，帮助他们不断改进教学实践[2]。

这种基于 AI 的案例分析大大提高了教学研究的效率和质量。教师可以更快地获得高质量的分析结果，从中提取有价值的经验和教训，并应用到自己的教学中去。

3.2.2 教学方法与工具的创新

使用 ChatGPT 作为辅助工具，教师们可以尝试对教学方法和工具进行创新，使课堂教学不断焕发活力。这里以在高中数学课堂中引入探究式学习和项目式学习为例，展示 ChatGPT 如何辅助教师开展教学创新，让学生在享受学习乐趣的同时也能深度理解知识。

案例

ChatGPT 创新教学方法

张老师希望在高中数学课堂中引入更多互动性和个性化的教学方法，提升学生对数学的兴趣和理解能力。

---

1 Swiecki Z, Khosravi H, Chen G, et al. Assessment in the age of artificial intelligence [J]. Computers and Education: Artificial Intelligence, 2022, 3 (1): 100075.

2 Whalen J, Mouza C. ChatGPT: challenges, opportunities, and implications for teacher education [J]. Contemporary Issues in Technology and Teacher Education, 2023, 23 (1): 1-23.

在前期准备中，张老师利用ChatGPT查询最新的教学理论和方法，如探究式学习、项目式学习、STEM教育等。ChatGPT不仅提供了理论概述，还推荐了相关的学术论文、教学案例和专家讲座视频，帮助张教师深入理解这些新方法的核心理念和实施要点。

经过考虑，张老师决定在某节课中引入探究式学习和项目式学习。结合ChatGPT检索获得的信息，张老师制订了详细的教学设计、活动流程和评估标准。对于探究式学习，设计了一系列引导性问题，鼓励学生自主探索数学概念和定理；对于项目式学习，确定了几个与现实生活紧密相关的数学项目主题，如“城市规划中的几何应用”“数据分析在股票市场中的应用”等。

张老师利用ChatGPT开发个性化的教学资源，ChatGPT根据学生的学习历史和当前能力水平，智能地调整练习题的难度和类型，确保每个学生都能在适合自己的水平上得到挑战和提升。为确保课件的视觉效果和教学质量，ChatGPT可以提供图表、动画、示例等素材的来源思路，以及布局、色彩和字体选择建议，使抽象的数学概念变得直观易懂。

互动性教学活动可以明显调动学生的学习兴趣。在ChatGPT的帮助下，张老师设计了一项名为“数学迷宫”的互动游戏，学生需要解决一系列由数学问题组成的“障碍”才能在迷宫中前进，直到找到出口。ChatGPT可以提供游戏的基本框架和规则设计建议，还可以根据学生的学习进度和兴趣点，动态地调整游戏的难度和奖励机制。此外，还可以让学生扮演不同的角色（如城市规划师、数据分析师等），通过解决数学问题完成任务，使学生在实际情境中理解和应用数学知识。在角色扮演活动中，大模型还可以提供详细的剧本、角色设定和场景布置建议，确保活动的顺利实施和有效性。

在教学活动结束后，ChatGPT还可以对师生的反馈信息进行分析，识别教学工具的优点和不足。例如，学生可能认为某个游戏环节过于简单或复杂，ChatGPT会据此提供改进建议。基于反馈分析结果，可以通过调整游戏的难度设置、改进课件的视觉效果、丰富互动活动的内容和形式等对教学工具进行优化和迭代，让改进后的教学工具更加符合学生的需求和教学目标的要求。

(1) 新教学方法的探索与应用

ChatGPT 可以帮助教师探索和应用新的教学方法，包括提供创新的教学策略和实践建议，支持教师在课堂上进行有效的教学创新[1][2]。

教师可以利用 ChatGPT 了解最新的教学理论和方法，获取具体的实施步骤和案例分析。结合具体学科和教学内容，ChatGPT 还可以提供个性化的实施建议[3]。这种智能化的支持帮助教师快速掌握新方法的核心要点和应用技巧，提高教学效果。

在翻转课堂的实施过程中，教师可以通过 ChatGPT 获取如何设计和录制教学视频的建议，了解如何在课前提供学生学习材料，以及如何在课堂上进行互动讨论和实践活动。ChatGPT 不仅提供具体的操作步骤，还可以推荐成功案例和最佳实践，帮助教师避免常见的误区和挑战。此外，它还能帮助教师在课堂上进行即时调整和优化。如果教师发现学生对某个概念理解有困难，可以搜索寻求补充解释或调整教学策略的建议。根据学生的反馈和课堂情况，大模型会推荐合适的补充材料或替代教学方法，帮助教师灵活应对教学中的各种变化，“个性化辅导”提高教学的灵活性和适应性。

(2) 在教学工具开发中的作用

利用 ChatGPT 的生成能力，教师可以快速开发和优化教学工具，例如实现定制化的教具和教学活动，提升教学的互动性和有效性。它可以帮助教师进行头脑风暴，设计和创建多样化的教学资源或教学材料，包括课件、练习题、互动游戏等，满足不同教学场景和需求[4]。

结合课程内容和教学目标，教师可以利用 ChatGPT 生成个性化的练习题和测验，针对学生的学习情况和能力水平，提供定制化的学习材料，配合详细的答案解

1 吴忭，李凤鸣，胡艺龄. 生成式人工智能赋能本科生科研能力培养——ChatGPT 支持的 CUREs 教学模式 [J]. 现代远程教育研究，2024，36 (03)：3-10+28.

2 Kim J，Lee H，Cho Y H. Learning design to support student-AI collaboration：Perspectives of leading teachers for AI in education [J]. Education and Information Technologies，2022，27：6069-6104.

3 Whalen J，Mouza C. ChatGPT：challenges，opportunities，and implications for teacher education [J]. Contemporary Issues in Technology and Teacher Education，2023，23 (1)：1-23.

4 Whalen J，Mouza C. ChatGPT：challenges，opportunities，and implications for teacher education [J]. Contemporary Issues in Technology and Teacher Education，2023，23 (1)：1-23.

析，帮助学生巩固知识。

ChatGPT 还能协助教师开发模拟实验、角色扮演、情境模拟等互动性强的教学活动，并提供具体的活动设计建议，包括活动的目标、步骤、所需资源等，让学生积极地专注于学习过程，增强知识记忆[1]。

ChatGPT 在教学工具的效果评估和优化方面也能发挥作用。通过分析学生的学习成绩和课堂表现，它能够评估教学工具的实际效果，识别出哪些工具能够有效提高学生的学习效果，哪些工具需要改进或调整。随后，教师可以有针对性地优化教学工具，确保其最大限度地发挥作用。教师在课堂上使用新的教学工具后，如果学生认为某个教学互动游戏部分环节不够有趣或操作复杂，大模型还能推荐改进方案。

3.2.3 教学创新的智能支持

在现代教学中融入智能技术，可以使原本枯燥难懂的知识点变得生动有趣，提升学生的学习兴趣。以高中数学中的圆锥曲线教学为例，借助 ChatGPT，教师不仅能将复杂的理论转化为直观易懂的解释，还可以设计互动游戏或模拟实验，让学生在动手操作中探索圆锥曲线的奥秘，学习变得既富有意义又充满乐趣。

案例

圆锥曲线是高中数学中的重要内容，还与物理、工程等领域有着紧密的联系。为了使学生深入理解圆锥曲线的性质，张老师尝试融合 STEM 教育理念、项目式学习方法和智能辅助教学技术，开展关于圆锥曲线的创新教学活动。

为了让学生更直观地理解椭圆的焦点性质，ChatGPT 推荐了一个基于几何画板的互动实验设计，学生可以通过调整参数观察椭圆形状的变化，从而深刻理解焦点与长短轴之间的关系。此外，ChatGPT 还建议设计“太空探测器模拟”项目，让学生利用圆锥曲线的性质设计探测器轨道，激发学生的学习热情和创造力，结合当前我国航空航天相关活动的介绍，培养学生的爱国情怀。

在项目学习结束后，张老师在线上研讨会分享了利用 ChatGPT 辅助圆锥曲

---

1 Limo F A F, Tiza D R H, Roque M M, et al. Personalized tutoring: ChatGPT as a virtual tutor for personalized learning experiences [J]. Przestrzeń Społeczna (Social Space), 2023, 23 (1): 293 - 312.

线教学的实践经验，包括项目设计、实施过程、学生反馈及学习成效等，邀请校内外的数学教师和教育专家进行点评。

结合大模型给出的建议，张老师可以将研究成果整理成论文并进行发表，他还可以将教学案例、实验设计、学生作品等上传至学校的教学资源库，供其他教师参考学习。

(1) 在创新教学活动中的应用

教师在策划教学创新活动时，可以通过 ChatGPT 获取详细的指导和建议。ChatGPT 能够帮助教师明确项目目标，制订详细的实施计划，包括项目的各个阶段、所需资源、时间安排等。

在教学活动实施过程中，通过 ChatGPT 可以获取实施过程中的具体操作步骤和注意事项，确保活动的顺利进行[1]。教师可以通过大模型获取教学活动的设计建议，确保活动的创新性和实效性，在其协助下考虑如何激发更多创新的、以学生为中心的、更高层次的学习体验。根据教学内容和目标，ChatGPT 能够推荐多样化的教学活动设计方案，例如小组讨论、角色扮演、实验模拟等。这些活动创新性强，能充分调动学生的积极性。人工智能教育可以帮助学生理解和批判性地审视影响他们生活的人工智能技术，以便在使用这些技术时作出明智的决定，也有助于促进学生对学科知识的深层理解。美国高中老师玛丽莎·舒曼（Marisa Shulman）在计算机科学课中让 ChatGPT 生成关于可穿戴技术的课程计划和课堂材料，在课后要求学生理性评估人工智能技术，以此锻炼学生的批判性媒体素养[2]。

(2) 教学创新成果的共享与推广

研究成果的共享和讨论，能够促进知识的传播和应用，推动教育的整体进步。AI 助手在线上会议中发挥了强大功能，这在前文中已有阐述。ChatGPT 可以在多个方面辅助在线研讨会的开展，提高研讨会的效率和质量。教师可以通过在线研讨平台分享自己的研究成果，获得同行的反馈和建议。教师可以利用在线论坛，展示自

---

1 李永生. “ChatGPT+”时代学校教育的机遇、挑战与应对 [J]. 中小学管理，2023 (04)：43-45.

2 Singer N. At This School, Computer Science Class Now Includes Critiquing Chatbots [N]. New York Times, 2023-02-06.

己的教学研究成果，并与其他教师进行深度讨论。这种在线互动不仅打破了时空限制，使教师能够随时随地参与讨论，还通过 AI 的参与，提升了讨论的效率和深度。AI 助手可以实时总结讨论内容，提取关键观点，生成会议纪要，帮助教师回顾和反思讨论过程中的重要内容。

此外，ChatGPT 还可以帮助教师将研究成果组织形成文本并归档，并在合适的平台上进行传播。ChatGPT 能够根据教师的需求和研究内容，推荐合适的发布平台和传播策略，确保研究成果能够得到广泛传播和应用。

3.3 教师评价与反馈机制的优化

要持续提高教学质量以及提升教师的专业能力，评价与反馈机制是必不可少的一环。传统的教师评价往往依赖于人工、经验性的判断，这种方式不仅耗时耗力，还可能受到主观因素的影响，导致评价结果出现偏差。人工智能所具备的自动化和自适应系统，个性化学习系统和智能预测分析，能为评价工作开展提供多方位的支持[1]。ChatGPT 在教师评价与反馈机制中的应用，为教育管理者和教师提供了一种更加科学、全面和个性化的评价手段，有助于教师不断改进教学实践，提高教学效果。

3.3.1 教师教学评价的智能优化

本部分探讨如何利用 ChatGPT 优化教师教学评价系统，以解决传统评价方式耗时耗力且主观性强的问题。通过智能化分析工具，学校可以构建涵盖多维度的评价指标体系，智能分析教学数据，生成针对性的反馈报告，推动教学质量的全面提升。

案例

面对传统教师评价耗时耗力且易受主观因素影响的问题，某学校尝试借助 ChatGPT 等工具，追求构建更加科学、高效且个性化的智能化教师评价与反馈系统。

1 Akgun S, Greenhow C. Artificial intelligence in education: Addressing ethical challenges in K-12 settings [J]. AI and Ethics, 2022, 2: 431 - 440.

在构建评价体系方面，制定了包括学生学业成绩进步率、课堂参与度分析（如学生发言次数、互动时间占比）、教学方法创新性评估（如采用的新技术、新策略），以及学生反馈的收集与分析等多项指标的评价指标体系。ChatGPT 通过智能算法，帮助学校筛选并优化这些指标，确保评价体系既全面又聚焦关键点。

在数据分析方面，利用物联网技术（如智能教室设备）和在线学习平台，自动收集学生的学习数据、课堂视频录像，以及在线问卷调查结果等，并使用大模型对数据进行深度挖掘和分析，提取关键信息。

在结果反馈方面，在每次课程结束后，可以将信息发送给 ChatGPT 并生成一份简单的课堂反馈报告，包括课堂互动热点、学生反应分析以及可能的教学改进点。教师可以即时查看这些反馈，以便调整后续的教学策略。在每月或每学期末，基于长期的数据积累和分析，ChatGPT 可以为每位教师总结整理并生成详细的评价报告，总结教师的教学表现，列举改进建议和支持数据。

基于教师的个性发展需求和评价报告中的不足点，ChatGPT 还可以给出一系列专业发展计划，帮助教师针对性地提升自己的教学能力和专业素养。

（1）教学评价体系的构建

构建一个科学、合理的教学评价体系是确保评价公正、准确的基础。创建评估和评价也是“GPT 能帮助教师的 20 件事”之一[1]。ChatGPT 可以协助教育管理者设定评价指标以及制定评价标准。经过智能分析和大数据处理，ChatGPT 能够从海量教学数据中提取出关键指标，如学生成绩、课堂参与度、教学方法的创新性等来反映教师的教学质量。

一些学校可能希望在教学评价中强调学生的学术进步和课堂互动。基于这些需求，大模型可以帮助设计相应的评价标准，并提供具体的评分细则。这样，教师在教学过程中可以更加明确自己的目标和改进方向，从而有针对性地提升教学效果。

ChatGPT 还可以根据学校的教育理念和教学目标，推荐更加符合学校特色的评

---

1 Whalen J，Mouza C. ChatGPT：challenges，opportunities，and implications for teacher education [J]. Contemporary Issues in Technology and Teacher Education，2023，23 (1)：1 - 23.

价指标和标准。例如，对于注重创新教育的学校，ChatGPT 可以推荐将“教学方法的创新性”和“学生创新能力的培养”作为重要的评价指标，以便引导教师在教学实践中注重创新。

（2）在教学评价中的应用

人工智能可以在构建评估问题、提供写作分析、自动使用过程数据以及创建更有适应性和个性化的评估等方面赋能使用者更好地开展评价工作[1]。在教学评价中，ChatGPT 提供的评价报告可以较为全面地展示教师的教学水平，还可以细化到每个具体的教学环节，帮助教师全面了解自己的教学表现。在人工智能技术的加持下，还有利于开展过程性评价评估[2]。

大模型可以从学生的考试成绩、课堂作业完成情况、学生的反馈意见等多个维度分析教学数据，生成综合性的评价报告。针对某位教师在课堂管理方面表现出色，但在教学内容的深度和广度上有所欠缺的情况，ChatGPT 可以明确指出其优势和不足，并提供相应的改进建议。

（3）个性化评价反馈与改进建议

每位教师的教学风格和特点都有所不同，因此他们需要个性化的评价反馈和改进建议。人工智能技术可以根据使用者的特定需求生成个性化的评估任务[3][4]。ChatGPT 能够根据每位教师的教学情况，提供针对性的反馈和建议，帮助教师在教学实践中不断提升。通过个性化的评价反馈和改进建议，教师可以更加明确自己的改进方向和目标，制订切实可行的改进计划。这样的智能化支持不仅提高教师的教学质量，也为学生提供更好的学习体验。

对于在课堂互动上表现不足的教师，ChatGPT 可以提供具体的互动技巧和方法，

---

1 Swiecki Z, Khosravi H, Chen G, et al. Assessment in the age of artificial intelligence [J]. Computers and Education: Artificial Intelligence, 2022, 3 (1).

2 Kim J, Lee H, Cho Y H. Learning design to support student-AI collaboration: Perspectives of leading teachers for AI in education [J]. Education and Information Technologies, 2022, 27: 6069 - 6104.

3 Swiecki Z, Khosravi H, Chen G, et al. Assessment in the age of artificial intelligence [J]. Computers and Education: Artificial Intelligence, 2022, 3 (1).

4 Zawacki-Richter O, Marin V I, Bond M, et al. Systematic review of research on artificial intelligence applications in higher education-where are the educators? [J]. International Journal of Educational Technology in Higher Education, 2019, 16 (39).

如增加提问环节、鼓励学生发表观点等，以便帮助教师在教学中增加更多的互动环节。对于在教学内容上有待提高的教师，ChatGPT 可以推荐相关的教学资源和参考资料，如优秀的教学案例、学术论文等，以便帮助教师丰富教学内容，提高教学质量。

3.3.2 教师绩效评估与发展

在教师绩效评估与职业发展过程中，如何确保评估的科学性和个性化反馈是关键问题。通过引入 ChatGPT 等生成式人工智能工具，可以帮助学校管理者优化教师绩效评估流程，也能为教师的职业成长提供精确的支持。

案例

某学校引入 ChatGPT 帮助提升教师绩效评估的科学性，以及提升教师的职业成长效率。鉴于该校注重“学生综合素质培养”，大模型协助设计了以学生反馈、活动参与度及成果展示为核心的评价体系，并制定了评分标准和评估流程。

每月末，学校将智能系统收集的教师绩效数据输入 ChatGPT 进行分析。大模型可以生成每位教师的绩效报告，还能自动识别出教学质量的波动点及潜在问题。例如，通过分析发现，李老师的教学在“学生课堂参与度”方面有所下降，可能的原因是课程内容过于理论化、缺乏互动环节等，为此 ChatGPT 给出了增加小组讨论、引入案例分析等具体改进建议。这些分析结果和建议会直接反馈给教师。

在年度绩效评估结束后，ChatGPT 根据每位教师的评估结果和职业发展目标，定制个性化的职业发展路径图。例如，张老师是一位在教学上表现优异且对教育科研充满兴趣的教师，ChatGPT 可能会推荐他参加国内外知名教育论坛、申请教育科研项目，并提供相关学术资源的获取途径。

（1）绩效评估指标的设定与监控

绩效评估是衡量教师工作表现的重要手段，对于激励教师、提升教学质量具有重要意义。人工智能为开展协作绩效评估提供了更多的机会[1]。ChatGPT 可以帮助

1　Kim J，Lee H，Cho Y H. Learning design to support student-AI collaboration：Perspectives of leading teachers for AI in education [J]. Education and Information Technologies，2022（27）：6069－6104.

教育管理者设定教师绩效评估的关键指标，并对教师的绩效进行实时监控和分析，确保评估的客观性和准确性。

在设定绩效评估指标时，ChatGPT 可以根据学校的教育目标和教师的工作职责，推荐合适的评估指标。对于注重科研的学校，ChatGPT 推荐将“科研成果”作为重要的评估指标；对于注重学生全面发展的学校，ChatGPT 推荐将“学生综合素质培养”作为评估指标之一。

在绩效评估过程中，ChatGPT 帮助教育管理者及时了解教师的工作表现，实现对教师绩效的实时监控和分析。

（2）在绩效数据分析中的作用

利用 ChatGPT 对绩效数据进行深入分析，可以识别绩效趋势和潜在问题，提供数据驱动的改进建议。对于教师和教育管理者来说，这是一种非常有价值的反馈机制。

通过对教师绩效数据的分析，大模型可以发现某位教师在某段时间内教学质量的波动情况，并进一步分析找出波动原因。这不仅帮助教师直观地了解自己的工作表现，还能为他们提供具体的、有针对性的改进措施，从而在日常教学中进行实时调整，促进专业发展。

此外，ChatGPT 通过对绩效数据的纵向分析，能够识别教师在不同阶段的工作表现变化情况，为教师提供长期的职业发展建议。

（3）发展性评估反馈与职业提升建议

传统的教师评估往往侧重于对过去工作表现的回顾和总结，而缺乏对未来发展的指导和规划。ChatGPT 通过智能化的分析和个性化的建议，可以为教师提供职业发展支持[1]，帮助教师提升专业水平和工作能力。

在进行绩效评估后，ChatGPT 可以根据教师的评估结果和职业发展目标，为他们提供具体的职业发展建议：对于希望在教学领域深入发展的教师，可以推荐相关的教学法课程或教育心理学培训；对于有意从事教育科研的教师，可以提供科研方法论的培训或学术写作的工作坊信息。

同时，大模型还可以根据教师的兴趣和职业目标推荐相关的学术资源和研

1 Xia Q, Chiu T K, Zhou X, et al. Systematic literature review on opportunities, challenges, and future research recommendations of artificial intelligence in education [J]. Computers and Education: Artificial Intelligence, 2023 (4).

究机会，根据教师的职业发展路径和当前的现实需求，为教师更新职业发展规划。

3.4 在专业学习社群中的促进作用

在教师专业发展过程中，学习社群作为一种重要的协作学习平台，有利于促进教师的专业成长。通过集体协作、知识共享和持续反思，学习社群能够帮助教师不断提升教学水平和专业素养。随着教育技术的快速发展，传统的社群学习模式也在经历转型。通过提供智能化的支持与服务，ChatGPT 不仅能够优化社群的沟通与协作，还能为教师提供个性化的学习建议和资源推荐，进一步提高社群学习的效果和效率。

3.4.1 教师专业学习社群的建设

在知识快速迭代的今天，构建教师专业学习社群，增强同行间的交流与合作，是提升教育教学质量的有效途径。ChatGPT 的智能化推荐与分析功能为社群建设提供有力支持，不仅能高效促进信息共享和经验交流，还能让教师们在相互学习中发现新的教学灵感，共同面对教育挑战。

案例

李老师是一位小学语文教师，深感在快速变化的教育环境中，个人的阅读素养和教学理念需要不断更新。他向 ChatGPT 询问了关于如何提升个人阅读素养的建议。基于李老师的教学领域、专业背景以及他表达出的对文学、教育心理学等书籍的兴趣，ChatGPT 推荐他加入一个名为“书香教育”的线上教师专业学习社群。这个社群由国内知名的教育媒体主办，汇聚全国各地的几千名教师，他们共同分享阅读心得，探讨教学创新。

社群还会定期组织线上读书分享会。在一次关于《儿童时间管理训练手册》的分享会上，李老师不仅分享了自己在阅读过程中获得的关于如何帮助学生提高时间管理能力的见解，还从其他成员的分享中了解到多种实用的教学方法和案例。

根据使用者的阅读记录和参与情况，ChatGPT 能够智能分析读者的阅读兴趣，推送更多与他兴趣相关的书籍和讨论话题，帮助他保持对阅读的持续热情。同时，通过智能匹配，ChatGPT 为李老师推荐了几位在教学理念上相投的社群成员作为合作伙伴，他们共同开展了一项关于“阅读促进学生综合素养提升”的微型课题研究。

（1）社群构建的原则与策略

进入数字时代，线上自主互助社群比比皆是，有全国范围内的较大规模的跨学科、跨地域合作，也有学校内部的互助团队。教师专业学习社群的建设需要遵循一定的原则与策略，以确保社群的有效运作和成员的积极参与。ChatGPT 可以在这一过程中提供智能化的支持，比如可以帮助制定社群建设的基本原则，如开放性、协作性、共享性和持续性等，为社群的发展提供方向。

在具体策略上，ChatGPT 可以通过大数据分析和机器学习，了解教师的需求和兴趣，从而制定针对性的策略。ChatGPT 可以分析教师的专业背景、教学领域和学习兴趣，推荐相应的社群活动和资源，确保社群的内容和活动与教师的需求高度契合。

此外，ChatGPT 还可以协助制定社群的运作机制，包括成员的角色分配、活动的组织形式、沟通的渠道和评估的标准等。智能化支持可以让社群建设和管理更加高效与有序[1]。

（2）社群成员的互动与合作

在教师专业学习社群中，ChatGPT 可以起到组织和协调的作用，通过多种方式推动成员之间的交流与合作。具体来说，ChatGPT 可以帮助组织者策划和落实各种社群活动，如在线研讨会、专题讲座、工作坊、读书会等；通过分析成员的兴趣和需求，推荐适合的活动主题和形式，提高活动的吸引力和参与度。

在活动过程中，ChatGPT 可以实时提供支持和协调。在在线研讨会中，借助其检索功能，ChatGPT 可以根据讨论内容支持提供相关的资料和参考，帮助成员更深入地理解问题。

此外，大模型还可以分析成员的专业背景和兴趣，为组建合适的合作伙伴和小组提供参考依据，促进成员之间的协作和交流。通过智能聊天和语音助手功能，成

1　Valtonen T，López-Pernas S，Saqr M，et al. The nature and building blocks of educational technology research [J]. Computers in Human Behavior，2022（128）：107123.

员可以随时进行交流和讨论，共享自己的经验和见解。借助 ChatGPT，可以从交流互动中提炼出有价值的知识和经验，供社群成员参考和学习。智能化的支持使得知识共享和经验交流更加便捷和高效，增强了社群的凝聚力和影响力。

3.4.2 社群内的知识共享与合作

本部分探讨 AI 技术在社群内知识共享与合作中的应用。无论是技术类项目还是教育社群，ChatGPT 都可以通过提供智能推荐、问题解决方案和写作支持等服务，促进成员间的协作，提升社群的整体运作效率，推动知识共享的普及与深化。

案例

有一个由 IT 工作者和爱好者等共同组成的专注于 Python 编程技术的社群，该社群引入 ChatGPT 作为智能助手，构建了一个高效的知识共享与协作平台。

首先，借助 ChatGPT 的自然语言处理能力，该社群建立了一个结构化的 Python 技术知识库。大模型建议可以对社群内积累的文档、教程、代码片段等进行标签化和分类，比如按照数据类型（如列表、字典）、函数库（如 NumPy、Pandas）、项目案例（如数据分析、机器学习）等进行组织，极大地提高了成员查找和学习相关知识的效率。

在具体的项目协作中，该社群承接了一个基于 Python 的自动化测试项目。在项目初期，成员们制定了项目计划和技术方案。ChatGPT 不仅提供了自动化测试领域的最新理论和最佳实践，还根据成员们的专业背景和项目需求，智能推荐了合适的工具和框架（如 Selenium、Pytest）。在编码阶段，ChatGPT 作为写作助手，为成员们提供代码片段、逻辑优化建议以及语法检查，显著提升了编码效率和代码质量。

面对项目中的技术难题，如提高测试覆盖率、优化测试执行速度等，社群成员可以通过与 ChatGPT 的实时交流得出结论，并互相讨论。比如，当成员们探讨如何更有效地管理测试数据时，ChatGPT 不仅分享了数据驱动测试的概念，还推荐了具体的数据管理工具和策略。

在项目后期，成员们将自己的代码片段或学习心得提交给 ChatGPT 进行初步审查，它会针对代码规范、性能优化等方面给出反馈。

(1) 知识共享平台的搭建

ChatGPT 作为智能助手，在知识共享与合作中发挥着重要作用[1]，它不仅能够优化资源管理，还能提供个性化的支持和建议，推荐相关知识和资源[2]，促进社群成员有效合作。

ChatGPT 可以帮助构建社群内的知识共享平台，包括知识库的组织、文档的分类和搜索功能的优化。通过自然语言处理和大数据分析，大模型可以对社群内的文档、视频、音频等资源进行自动分类和标注，建立起结构化的知识库，方便社群成员访问和共享各种教学资源与专业知识。

社群内的协作活动也能得到有效支持。在共同编写教学方案或研究报告时，ChatGPT 还可以提供智能化的写作支持，包括内容建议、结构优化和语言润色等。社群成员可以更加高效地合作，共同完成任务和项目。

(2) 社群内协作案例分析

这里主要结合具体的协作案例，展示 ChatGPT 在促进社群成员合作和知识共享中发挥的作用。

案例

在一个专注于美术教育的社群中，美术教师们面临着在翻转课堂中实施动手实践任务的挑战。他们发现，学生在家中预习时往往难以独立完成复杂的美术创作，导致课堂时间被大量用于讲解和示范，而动手实践的时间被压缩。

通过 ChatGPT 的协助，教师们分析确定了学生在动手实践中遇到困难的原因，可能是缺乏直观的教学指导、材料准备不充分、创作思路受限等。据此，ChatGPT 针对性地推荐多种教学策略和工具，如分步教学视频、在线互动教程，以及适合家庭环境的简易美术材料等。大模型还能启发教师设计一系列课堂活动，以弥补学生在家中预习时的不足，在课堂上设置小组合作环节，让学生在合作中完成更复杂的美术创作，或者利用数字工具进行虚拟绘画练习，以提高

1 Hsu Y C, Ching Y H. Generative Artificial Intelligence in Education, Part Two: International Perspectives [J]. TechTrends, 2023, 67 (6): 885 - 890.

2 Whalen J, Mouza C. ChatGPT: challenges, opportunities, and implications for teacher education [J]. Contemporary Issues in Technology and Teacher Education, 2023, 23 (1): 1 - 23.

学生的动手能力和创造力。

在实施这些创新教学策略的过程中，美术教师们不仅各自尝试并优化自己的教学方法，还定期举行心得分享会，形成了良好的学习氛围和合作机制。通过不断的实践、反思和改进，社群内的美术教师们共同提升了教学质量，为学生的全面发展创造了更加有利的条件。

3.4.3 社群活动的智能化管理

智能化管理在社群活动中的应用，为提升活动组织效率和丰富参与者的活动体验等提供了新的思路。通过智能技术支持，不仅能够精简活动流程，提高组织效率，还能根据参与者的需求定制化内容，增强互动体验，这有助于推动社群的可持续发展。

案例

在传统的历史课堂上，学生往往通过课本、图片和视频来了解历史事件和人物。然而，这种方式缺乏互动性和沉浸感。为了改善这一状况，历史教师渴望探索新的教学方式以激发学生对历史的兴趣。

教师们首先通过集体讨论和问卷调查，收集学生们对于历史课程的兴趣点和学习难点。ChatGPT 根据这些数据，结合当前教育技术的发展趋势，建议采用“融合 AR 技术”。经过讨论后，该建议得到教师们的认可，认为它既能满足学生们对于新颖教学方式的需求，又能有效提升历史教学的效果。

(1) 活动策划与准备阶段。经过前期工作，确定本次社群活动旨在探讨如何在历史课堂教学中应用 AR 技术，让学生们在沉浸式的环境中感受历史的魅力。结合大模型以及搜索工具，教师们筛选并随后邀请在该领域有丰富经验的专家作为讲师，包括 AR 技术开发者、教育心理学家以及擅长创意教学的历史教师。本次活动设计了包括理论讲解、实操演示、小组讨论等多项活动流程。ChatGPT 在回复中强调 AR 技术体验区的重要性，建议设置专门的区域供教师们亲身体验 AR 教学工具，并探索其在历史教学中的应用潜力。为了确保工作坊的顺利进行，ChatGPT 还能帮助讲师团队准备 AR 教学软件、创意故事模板、历史事件案例以及基于AR技术的历史场景模拟等丰富的教学材料，并为每份材料编写详细的说明和使用指南，帮助教师们快速上手并充分利用这些资源。

(2) 活动实施阶段。讲师们首先介绍AR技术的基本原理和在教育中的应用前景。随后，他们通过实操演示展示了如何将AR技术与创意故事教学法相结合，创造出引人入胜的历史教学场景。教师们佩戴AR眼镜或使用平板电脑等设备，亲身感受AR技术带来的沉浸式学习体验。在小组讨论环节，教师们围绕"如何在自己的课堂中应用AR技术"这一主题分享了各自的教学经验和创意想法。在技术支持和思路引导方面，教师也能获得帮助。教师们分组进行实践操作，利用AR教学软件设计并制作基于AR技术的历史教学案例，包括3D模型、动画演示、互动问答等，工作坊内容丰富多样且贴近教学实际。

(3) 效果评估与改进。大模型根据教师们的反馈意见生成了一份详尽的效果评估报告。报告指出，教师们普遍对AR技术引入课堂表示出极大的兴趣和认可。他们认为这种教学模式能够显著提升学生的学习兴趣和参与度，使历史课堂变得更加生动有趣。同时，报告也指出部分教师在技术操作和教学设计上的困惑和挑战。

针对发现的问题，ChatGPT提出了具体的改进建议，如加强技术培训、提供更多教学案例和模板、建立在线交流平台等。社群管理者根据这些建议，制定了后续的培训和支持计划，以确保教师们能够顺利地将所学应用到教学实践中去。

(1) 社群活动的组织与管理

ChatGPT可以在活动策划、日程安排和资源配置等过程中提供多项支持，使得社群活动更加高效和有序，确保成员的积极参与和互动。在策划社群活动时，ChatGPT可以根据成员的需求和兴趣，推荐合适的活动主题和形式，还可以提供具体的活动策划方案，包括活动的目标、内容、形式、执行步骤和日程安排，所需的文档、教材和其他教学资源等资源，帮助社群活动顺利进行[1]。

1 Vartiainen H, Tedre M. Using artificial intelligence in craft education: crafting with text-to-image generative models [J]. Digital Creativity, 2023, 34: 1 - 21.

(2) 社群活动的效果评估与改进

ChatGPT 可以通过数据分析和智能评估，对社群活动的效果进行全面评估，并提供具体的改进建议[1]。它可以通过分析活动成员的参与度、满意度和反馈意见，识别活动的成功之处和需要改进的地方，为未来的活动提供更加完善的方案。

ChatGPT 可以帮助社群进行长期的活动评估，分析一系列活动的效果和趋势，为社群的整体发展提供数据支持。通过对多次活动数据的分析，它可以识别出哪些类型的活动最受欢迎，哪些环节需要改进，从而为未来的活动策划提供科学依据，确保社群活动的持续优化和创新。

1 Rudolph J, Tan S, Tan S. War of the chatbots: Bard, Bing Chat, ChatGPT, Ernie and beyond. The new AI gold rush and its impact on higher education [J]. Journal of Applied Learning and Teaching, 2023, 6 (1): 364-389.

第 4 章

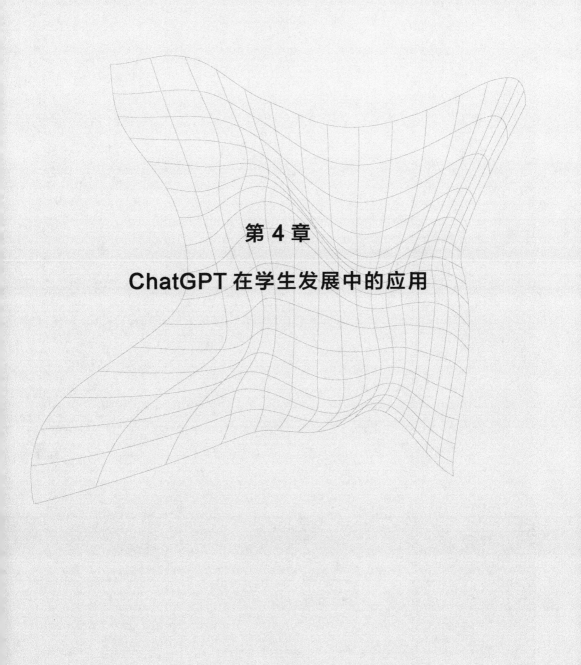

ChatGPT 在学生发展中的应用

作为生成式人工智能的杰出代表，ChatGPT 借助其强大的数据模型，能够自动生成各种文本和问题答案。因此，它可被用于教师备课、学生学习、课堂提问、教学管理、招生就业和语言服务行业等多个场景，涉及学生培养的全过程[1]。例如，ChatGPT 可以辅助检查作业，分析学生的学习行为和表现，了解学生的学习需求和瓶颈，从而优化教学设计。有研究者通过检索 ChatGPT 上从 2022 年 11 月至 2023 年 3 月的公开可用资源，探索了它在促进教与学方面的一些潜在好处，包括但不限于促进个性化和互动式学习，为形成性评估活动生成提示，为教和学提供持续的反馈等。本章将重点探讨 ChatGPT 在支持学生学业成长和能力发展的多种方式，涵盖其在个性化学习、多学科素养培育、综合素质提升等方面的具体应用，为学生发展领域合理引入 AI 工具提供参考。

4.1 学习样态的个性化转型

随着人工智能技术的迅速发展，教育方式正在发生深刻变革，尤其是学习的个性化趋势愈发明显。在传统教学环境中，教师很难准确了解每个学生的学习情况并制定针对性的学习方案。学生的个体差异往往被忽视，导致一些学生无法充分发挥他们的潜力。随着生成式 AI 技术的进步，尤其是 ChatGPT 的出现，学校管理者和教师现在有了更多工具来实现这一目标。分析学生的数据（如学习成绩、课堂表现、作业完成情况等），可以帮助教师快速识别学生的学习优势和劣势，生成个性化的学习建议。这些建议可以包括学习内容的调整、个性化的学习路径，以及针对特定困难的补救措施。本节将探讨如何利用 ChatGPT 为学生提供个性化学习支持，这种支持不仅体现在学习内容的个性化选择上，还包括学习路径、反馈机制以及学习方式

1 李佐文. ChatGPT 赋能外语教学：场景与策略 [J]. 北京第二外国语学院学报，2024，46 (01)：109－118.

的定制化。

4.1.1 人工智能驱动学习转型

尽管 ChatGPT 仍相对较新，但其在学习、教学和评估方面的潜力可以从更广泛的人工智能技术（例如使用大模型）中衍生出来。这些技术包括自然语言处理、语言识别、图像识别、智能专家系统和机器学习等。计算机科学研究人员长期以来一直认为人工智能对教育有益，近年来，生成式 AI 和机器学习的出现，加上大数据分析的进步，为学习方式的变革提供了新的视角和方向[1]。用于支持教学和学习活动的常用人工智能技术之一是聊天机器人系统，这些系统可以通过会话代理提供个性化的解释，并根据学生的理解水平动态调整内容。研究发现，基于生成模型的会话代理（如 ChatGPT）可以为学生提供个性化的数学辅导，从而提高学习效果[2]。

为了让大模型更好地支持学生学习，我们需要重新思考人机协作的方式。大模型使得教师的角色从知识传授者逐渐转变为“导师”或“教练”，教师可以通过利用 AI 技术赋能教学和管理工作，从而为学生提供更加个性化的学习支持[3]。在这一新形态下，教师不再单纯依赖传统的教学手段，而是借助 AI 工具帮助学生制定个性化的学习路径、分析学生表现，并通过智能辅助完成课堂互动、作业批改等工作。目前有研究综述了 2015 年至 2021 年间人工智能集成到语言学习中的 24 项研究，证实了会话式 AI 在语言教学中的角色。会话式 AI 可以支持语言学习的技能训练，它将为语言教师节省在交互与反馈环节所花费的时间。一方面，教师可以发挥独特的作用，作为促进者和反馈提供者，提供有意义的语言练习、反馈和情感支持；另一方面，教师可以继续扮演传统语言教师设计者、评估者和决策者的角色，呈现新内容、提供学习任务、促进活动和领导讨论[4]。在这种技术驱动

---

1 Maghsudi S, Lan A, Xu J, et al. Personalized education in the artificial intelligence era: what to expect next [J]. IEEE Signal Processing Magazine, 2021, 38 (3): 37 - 50.

2 Chen Y, Chen Y, Heffernan N. Personalized math tutoring with a conversational agent [J]. arXiv preprint arXiv: 2012. 12121.

3 李佐文. ChatGPT 赋能外语教学：场景与策略 [J]. 北京第二外国语学院学报，2024，46 (01)：109 - 118.

4 Ji H, Han I, Ko Y. A systematic review of conversational AI in language education: Focusing on the collaboration with human teachers [J]. Journal of Research on Technology in Education, 2023, 55 (1): 48 - 63.

的学习样态变革中，教育逐渐从统一的标准化教学模式转向个性化、定制化的学习方式。

ChatGPT 的使用有可能重新定义个性化学习，它可以根据每个学生的具体要求和学习模式优化他们的教育轨迹[1]。利用自然语言处理和机器学习技术，ChatGPT 能够分析学生的成绩和学习行为数据，识别学生的学习优势和劣势，并生成个性化的学习内容和辅导建议。学校管理者可以通过部署类似的 AI 工具，帮助教师更好地规划教学，提高教学效率。这些工具不仅能感知学习者的认知变化和情绪，还可以根据学生的语言水平和个人偏好来安排个性化的学习内容，从而实现真正的学习定制[2]。例如，教师可以将学生的论文、讨论板回复和其他作业输入 ChatGPT，来检测与作业要求的一致性，或识别需要进一步干预的地方。通过为每个学习者提供量身定制的内容和反馈，帮助他们更有效地参与学习并改善成果。

ChatGPT 对学生学习体验的影响是显著的。国外一项研究将注意力转向学习者本身，通过访谈和问卷调查，探究学生对 ChatGPT 教学价值和潜力的看法。首先，学生普遍认可它能够帮助他们更快、更有效地获取和理解知识。通过与 ChatGPT 互动，学生可以即时获得解释和反馈，这不仅提高了学习效率，还帮助他们更深入地理解复杂的概念。这种即时性和互动性，使得学生能够在遇到困难时立即寻求帮助，而不必等待教师的指导，从而更好地掌握学习内容。其次，研究表明 ChatGPT 的使用显著激发了学生的学习兴趣。其高度个性化的反馈机制和多样化的互动方式，使得学习过程更具吸引力和参与性。学生表示，在使用 ChatGPT 后，他们的学习动机得到增强，因为他们能够以自己的节奏学习，并在一个低压环境中探索新知识。这种自定节奏的学习方式，特别适合那些可能在传统课堂上感到压力或焦虑的学生。最后，ChatGPT 在促进学生发展创造性思维和自我导向学习方面也表现出色。学生认为它不仅是一个知识获取的工具，更是一个激发创意思维的伙伴。通过与 ChatGPT 对话，学生能够产生新的想法，并以创新的方式解决问题。此外，ChatGPT 帮助学生培养自主学习的能力，使他们在面

1 Mohebi L. Empowering learners with ChatGPT：insights from a systematic literature exploration [J]. Discover Education，2024，3 (1)：36.

2 秦颖. 人机共生场景下的外语教学方法探索——以 ChatGPT 为例 [J]. 外语电化教学，2023，(02)：24 − 29 + 108.

对学术挑战时更加自信和独立[1]。

4.1.2 个性化学习支持的方式与路径

智能辅导系统、自动评分系统和量身定制的学习平台是人工智能在教育中的典型应用，这些项目在提高学生学习成绩和赋予教师给予学生更多个性化指导方面有很大的潜力。例如，通过提供个性化的反馈和帮助，智能辅导系统可以根据学生的需要调整课程。有研究团队致力于利用智能辅导系统增强课堂教学，探索在幼儿学习和高等教育两个关键场景中，通过在几个关键点无缝协调人类决策，以及使用人工智能系统扩展认知能力来创造个性化学习体验，从而提高学生的参与度，改善学习成果[2]。通过使用自动评分系统，教师可以专注于更重要的活动，如课程计划和学生支持。借助 Gradescope、Autolab 等工具，教师可以更好地跟踪学生进度，快速了解学生的学习情况。这种工具使教师能够实时收集学生的学习数据，并通过系统反馈及时调整教学策略，进而提高教学的精准度与效率。人工智能还可以通过多模态数据（如生理传感、眼动追踪、脑电图等）来监控学生的学习过程，并获取更深层次的理解，从而更精确地预测学生的学习表现[3]。通过捕捉这些多样化的学习数据，AI 系统能够生成个性化的学习建议，使得每个学生的学习体验更加符合他的独特需求和兴趣，提高参与度和学习积极性。

案例 1

Quizlet 与 Q-Chat

教育科技公司 Quizlet 利用 ChatGPT API 开发了一款自适应 AI 导师 Q-Chat，旨在为学生提供个性化和自适应的学习体验。该工具利用 Quizlet 丰富的

---

1 Chawla U, Mohnot R, Singh H V. Unleashing the potential: An empirical study on Student Application of ChatGPT in Education using serial mediation modeling [J]. Education and Information Technologies, 2024: 1-35.

2 Kokku R, Sundararajan S, Dey P, et al. Augmenting classrooms with AI for personalized education [C] //2018 IEEE international conference on acoustics, speech and signal processing (ICASSP), IEEE Press, 2018: 6976-6980.

3 Adıgüzel T, Kaya M H, Cansu F K. Revolutionizing education with AI: Exploring the transformative potential of ChatGPT [J]. Contemporary Educational Technology, 2023.

教育内容库（其中包含几十亿个问题和定义），根据学生的学习风格和他们目前对学习材料的理解来调整问题的难度，可以适应用户的学习速度和知识水平。随着用户熟练程度的提高，可以提供更具挑战性的问题，使用AI来个性化调整测验和学习课程，帮助学生通过引人入胜的对话式互动加深对各种科目的理解。该功能尤其因其在增强词汇学习和帮助学生准备考试方面的作用而备受关注。Q-Chat利用AI技术为每个学习者提供定制化的学习计划和内容，根据他们的学习进度和理解能力进行调整。学习者可以通过Q-Chat获得即时的问题解答和学习建议，这有助于他们在遇到难题时快速获得帮助。通过与AI导师的互动，学习者可以更加积极地参与学习过程，这有助于提高学习效率和兴趣。Q-Chat能够覆盖多种学科，从语言学习到科学和数学等，为不同领域的学习者提供支持。同时，Q-Chat能够识别和适应不同学习者的学习风格，提供视觉、听觉或动手实践等多种学习材料。GPT-3及后续模型与Q-Chat的集成，标志着利用AI实现个性化教育迈出了重要一步，帮助学生不仅记忆知识，还能理解并有效运用知识，旨在使学习更有效率，并根据个人学习风格量身定制。

案例2

Duolingo的对话式学习

Duolingo是一款全球领先的语言学习应用程序，致力于通过游戏化的方式帮助用户学习多种语言。为了进一步提升用户的学习体验，Duolingo利用ChatGPT来增强其对话式练习模块。这一模块的目的是模拟真实的语言交流场景，让用户在学习语言的过程中能够进行互动和练习。通过强大的自然语言处理能力，Duolingo可以为每个用户生成独特的对话场景，并根据用户的语言水平、学习速度和兴趣调整对话内容。ChatGPT会根据用户的学习记录和偏好，生成个性化的对话内容。如果用户在过去的练习中表现出对某一主题（例如旅行、购物）的兴趣，系统会在后续的练习中更多地涉及这些主题。这样，用户能够在熟悉和感兴趣的语境中进行语言练习，从而提高学习的效果。在用户完成对话练习后，它会分析用户的回答，并提供即时的反馈和改进建议。例如，如果用户在对话中使用了不正确的语法结构，系统会提供正确的用法并解释其中的差异。这样的即时反馈帮助用户在学习过程中不断改进。根据用户在对话练习中的表现，它会动态调整接下来的学习内容。如果用户在某些语法点上表现不佳，系统会自动安排更多相关的练习，直到用户掌握为止。这种动态调整机制确保用户的学习路径始终符合其个人需求和能力水平。在引入 ChatGPT 后，Duolingo 用户的学习体验得到显著提升。许多用户报告称，个性化的对话练习使得学习过程更加有趣且富有挑战性，能够更好地保持他们的学习动力。此外，它的即时反馈功能帮助用户在学习中及时纠正错误，避免了错误习惯的积累。

通过以上两个案例，我们可以发现此类工具赋能教与学过程的重要价值。首先，内容生产和推荐是实现个性化学习的关键，即提供高质量的学习材料。AI 可以通过文本摘要和自动生成问题来帮助生产学习内容，并利用多模态内容理解和人机协作设计来提高内容的质量。通过高效的内容推荐，能够更好地满足学生的学习需求。其次，学习者评估确保学习过程中的有效反馈和持续优化，这种评估不仅对个人是必要的，而且对学生群体以及其他利益相关者如教育工作者、政策制定者和在线教育提供者也是必要的。方法包括传统的项目反应理论（IRT）和知识追踪模型（KT），它们用于预测学生的未来表现和提供反馈。评估和评价不仅是对学生的表现进行衡量，还为进一步的个性化推荐和学习路径调整提供数据支持[1]。最后，这种个性化的学习体验激发了学生的积极性和参与度，提高了学生的学习兴趣[2]，改善了课堂氛围和教学效果[3]。有研究者指出，采用人工智能方法进行个性化教育可以使激励设计远远超出颁发证书的范围，这包括以在线学习材料奖金的形式给予金钱奖励，也可以使用软方法来引入激励，例如基于学习者性格的游戏化以促进持续学习，或者根据学习者的特点调整学习环境的特征，让学习者尽可能长时间地参与学

1 Maghsudi S, Lan A, Xu J, et al. Personalized education in the artificial intelligence era: what to expect next [J]. IEEE Signal Processing Magazine, 2021, 38 (3): 37-50.

2 Adıgüzel T, Kaya M H, Cansu F K. Revolutionizing education with AI: Exploring the transformative potential of ChatGPT [J]. Contemporary Educational Technology, 2023.

3 Chawla U, Mohnot R, Singh H V. Unleashing the potential: An empirical study on Student Application of ChatGPT in Education using serial mediation modeling [J]. Education and Information Technologies, 2024: 1-35.

习过程[1]。

为了有效实施这一过程，学校管理者应首先确保准确收集和整理学生的学习数据。这可以通过现有的学习管理系统或其他数据管理平台进行，这些平台能够提供详细的学习表现数据，如测试成绩、作业提交情况和课堂参与度等。将这些数据输入 ChatGPT 或类似的 AI 工具后，系统会自动进行分析，并根据学生的学习目标和需求生成个性化的学习方案。这一过程不仅可以帮助教师更好地理解学生的学习状态，教师还能根据生成的建议及时调整教学策略，从而提高教学的针对性和有效性。为了确保生成的个性化学习方案在实际教学中能够得到有效实施，教师应对 ChatGPT 生成的方案进行审核，并结合实际教学情况进行调整。这一过程包括对个性化建议的可行性和适用性进行评估，并在必要时与其他教师或家长进行沟通，以确保方案的实施效果。之后，教师可以根据生成的方案对教学内容进行调整，并定期通过 ChatGPT 重新分析学生数据，确保学习方案能够随学生的进步做动态调整。同时，学校管理者可以通过定期组织家长会议或其他沟通渠道，向家长反馈个性化方案的实施效果，收集家长的意见和建议，以便进一步优化个性化教学策略。这一系统化的过程能够有效地提升学生的学习体验和成绩，同时减轻教师的工作负担，使个性化教育真正落到实处。

4.2 核心素养的全面提升

ChatGPT 的应用为不同学科的个性化教学提供了可能，也为学科素养的提升奠定了基础。在不同学科中，学生的需求各不相同，个性化学习可以更精准地针对学科需求，帮助学生在语言、科学和技术等领域实现素养的全面提升。学科素养的提升不仅包括知识的积累，更注重培养学生的批判性思维、解决问题的能力和创造力。ChatGPT 作为具备自然语言处理能力的人工智能工具，能够通过对话、反馈和个性化辅导，帮助学生在具体学科中深化理解、提升能力。本节将从语言学习、科学探究和技术学习等不同学科的素养角度出发，探讨 ChatGPT 如何为学生提供支持。

1 Maghsudi S, Lan A, Xu J, et al. Personalized education in the artificial intelligence era: what to expect next [J]. IEEE Signal Processing Magazine, 2021, 38 (3): 37 - 50.

4.2.1 促进跨文化交流与理解能力

语言学习不仅是掌握语法和词汇的过程，更是培养学生沟通能力、跨文化理解力的重要途径。在全球化的背景下，语言学习的目标从简单的语言能力扩展到具备与不同文化背景下的人有效沟通和合作的能力。ChatGPT 作为一种具有对话能力的工具，使学生能够参与会话练习，理解文化的细微差别，并提高学生的语言技能，帮助他们在语言学习中提升沟通能力和文化理解力。

ChatGPT 已经被应用于外语学习的听、说、读、写技能教学，其在外语教学中的潜力已得到证实[1]。通过与学生互动，模拟真实的语言交流场景，可以让学生在使用外语时更加自信，减少焦虑感。与人工交流不同，学生在与 ChatGPT 互动时不会因为出错而感到尴尬或紧张，从而保持积极的交流动机和学习兴趣。对话式教学能够激发学习者的英语学习兴趣，提升学习主动性和积极性[2]。此外，智能对话还能根据学生的语言水平进行调整，确保每一次互动都针对他们的实际需求，从而提升学生的语言运用能力。在阅读和写作方面，ChatGPT 为学生提供个性化的学习环境和多样化的学习活动，如写作提示生成、阅读理解工具等，帮助学生自主学习和探索学习过程。这些工具可以根据学生的水平生成合适的阅读材料，并帮助学生分析复杂文本，提供写作建议和语法反馈。例如，当学生在完成作文时，ChatGPT 可以提供实时反馈，纠正语法错误并提出修改建议。同时，通过自动生成的写作提示，学生能够扩展自己的写作思路，从而提高写作技能。学习者可以根据个人兴趣和需求与其交流，有针对性地向它询问不同语言技能的训练策略；ChatGPT 能够帮助学习者制订长期学习计划、指导语言技能训练、提供学习资源等，学习者可以自主调控学习活动，探索适合自己的学习方法[3]。

文化理解是语言学习的重要组成部分。通过与 ChatGPT 互动，学生可以接触到不同文化背景知识和语言习俗，进而提升其跨文化沟通能力。ChatGPT 能够帮助学生理解文化的细微差别，例如在特定语境下如何使用正确的表达方式、如何解读隐

---

1 Huang J，Li S. Opportunities and challenges in the application of ChatGPT in foreign language teaching [J]. International Journal of Education and Social Science Research，2023，6 (4)：75 - 89.

2 张震宇，洪化清. ChatGPT 支持的外语教学：赋能、问题与策略 [J]. 外语界，2023 (02)：38 - 44.

3 张震宇，洪化清. ChatGPT 支持的外语教学：赋能、问题与策略 [J]. 外语界，2023 (02)：38 - 44.

含的文化意义。这种语言与文化的综合学习，使学生不仅掌握语言，更懂得如何在不同文化背景下有效沟通，从而培养全球胜任力。ChatGPT 作为一种人工智能驱动的语言学习工具，有助于减少语言障碍、促进跨文化交流和全球流动性[1]。一项研究探索了英语作为外语学习者使用 ChatGPT 的体验，发现学生可以使用 AI 工具参与有意义的语言任务，获得即时反馈，帮助他们纠正错误并理解更深层次的文化和语言背景[2]。这表明它不仅支持语言技能，而且还鼓励文化素养，这在当今互联互通的全球环境中至关重要。它能够模拟现实世界的对话场景，让学习者能够接触各种文化的细微差别，尽管它往往更符合某些文化（例如美国文化），但它还是有助于引导学习者了解其他语言的文化规范和语言的细微差别，这对于有效的跨文化交流至关重要[3]。

随着技术的发展，虚拟现实（VR）与 ChatGPT 的结合进一步拓展了语言学习的可能性。ChatGPT 的应用程序编程接口（API）可以集成到外部学习技术和定制 AI 增强系统的开发中[4][5]，从而为学生提供更加个性化的语言学习体验。例如，虚拟现实环境和视频游戏长期以来因其巨大的教育效益而备受关注。随着 ChatGPT 的出现，人们期待将生成模型集成到 3D 环境，尤其对使用该技术为非玩家或虚构角色提供自适应和定制化的交互感兴趣。有研究者描述了如何使用 Unity 3D 角色和 C# 编码创建可自定义的 AI 对话伙伴，让学生与能够自然响应任何互动的 AI 伙伴一起练习英语对话技能。开发人员为 AI 赋予了独特的个性和背景，以匹配每个学生的兴趣。研究者对英语水平参差不齐的学生进行了为期三天的课堂活动，每对学生有十分钟的时间与他们的 AI 对话伙伴交谈。这项活动受到热烈欢迎，学生们很享受与他们参与创建的 AI 互动的新奇感。然而，一些学生也面临发音和词汇识别的问

---

1 Baskara F X R. ChatGPT-assisted English language learning: theoretical implications for global mobility and cross-cultural communication [C] //International Conference on Language and Language Teaching. 2023: 105 - 120.

2 Xiao Y, Zhi Y. An exploratory study of EFL learners' use of ChatGPT for language learning tasks: Experience and perceptions [J]. Languages, 2023, 8 (3): 212.

3 Cao Y, Zhou L, Lee S, et al. Assessing cross-cultural alignment between ChatGPT and human societies: An empirical study [J]. arXiv preprint arXiv, 2023.

4 Cox C A, Tzoc E. ChatGPT: Implications for academic libraries [J]. College & Research Libraries News, 84 (3), 99.

5 Taecharungroj V. "What Can ChatGPT Do?" Analyzing early reactions to the innovative AI chatbot on Twitter [J]. Big Data and Cognitive Computing, 2023, 7 (1), 35.

题，尤其是当他们试图探索 ChatGPT 功能的边缘时[1]。通过与 3D 技术的整合，ChatGPT 可以成为虚拟教师或对话伙伴，这不仅增加学习的趣味性，还让学生有机会实际运用语言，从而强化其语言素养的提升。

4.2.2 培养批判性与创造性思维

科学教育的核心目标之一是培养学生的批判性思维与解决问题的能力。通过科学探索活动，学生能够学会如何提出问题、设计实验、分析数据并得出结论。ChatGPT 作为一个智能教育工具，可以为学生提供个性化支持，帮助他们在探究式学习中发展高阶思维技能。

在科学课堂上，学生经常需要对复杂的科学概念进行探讨研究，而 ChatGPT 能够在这个过程中提供即时的反馈和引导。通过向 ChatGPT 提出关键问题，鼓励学生从多个角度分析问题，挑战已有的假设，并提出新的假设或解释。例如，在化学实验中，学生可以利用 ChatGPT 询问实验设计的细节，分析实验结果的合理性，并根据结果提出改进建议。桑托斯（R. P. Santos）的研究表明，ChatGPT 可以在像化学这样的复杂领域中，成为高级认知的辅助工具，帮助学生更深入地进行探究式学习，培养他们打破常规思维、质疑已知知识的能力。这种方式有助于学生形成更深层次的理解，而不是仅仅停留在表面记忆上，培养批判性思维和分析能力[2]。

ChatGPT 等生成式人工智能工具在科学教育中能够有效支持探究式学习，无论是实验设计中的变量控制，还是数据分析中的结果解释，它都能为学生提供即时的指导与反馈。在一项探索性研究中，ChatGPT 被用来回答与科学教育相关的问题，其输出内容往往与科学教育中的关键主题保持一致，特别是在主动学习和探究式学习方面[3]。桑托斯指出，ChatGPT 可以帮助学生参与动手实验和探究式项目，让他们更好地理解所学知识与现实世界的联系，它可以用作学习新概念的学习支架（在

---

1 Lorentzen A，Bonner E. Customizable ChatGPT AI chatbots for conversation practice [J]. The FLTMAG，2023.

2 Santos R P. Enhancing chemistry learning with ChatGPT and Bing Chat as agents to think with：a comparative case study [J]. arXiv preprint arXiv，2023.

3 Cooper G. Examining science education in ChatGPT：An exploratory study of generative artificial intelligence [J]. Journal of Science Education and Technology，2023，32（3）：444－452.

接触学术期刊或教科书之前），为学生提供不同的科学概念的解释，帮助他们更好地理解抽象的科学理论。例如，学生可以询问关于某一科学现象的基础知识，ChatGPT 会提供分步骤的解释，帮助学生构建一个扎实的理论框架。此外，它还可以提供大量的内容支持，帮助学生改善学习过程。它能够激发学生的创造性思维，帮助他们生成新的想法和解决方案。

在科学教育中，创造性思维是学生能够提出新想法和创新解决方案的关键能力。ChatGPT 能够通过多种方式激发学生的创造性思维，帮助他们生成新的想法和解决问题的策略。在实验设计过程中，学生可能需要设计创新性的实验方案，ChatGPT 可以提出具有挑战性的问题，帮助他们从不同角度分析问题并设计相应的实验方案，或者根据学生的思路提供建议，帮助他们调整实验变量、优化实验流程，并为他们提供数据分析的支持。通过这种方式，学生不仅能够学会如何进行科学实验，还能够培养创新思维，探索更加有效的解决方案。在科学写作方面，ChatGPT 也能提供有力的帮助，协助学生组织思路、润色文稿，确保内容的准确性和表达的完整性[1]。许多学生在写作过程中可能遇到困难，尤其是在组织思路和表达上。利用 ChatGPT 可以生成初步的写作框架或提供修改建议，还能够根据学生的反馈进行反复调整，使写作更加条理清晰，并确保科学概念的准确性，帮助学生组织和表达科学观点。例如，在物理实验中，学生可以使用它来验证实验步骤是否合理，分析实验数据并得出结论。在这个过程中，学生不仅学会如何进行科学探究，还培养了他们在学术研究中的创造性和批判性思维。

4.2.3 强化计算思维与技术应用能力

近年来，随着人工智能技术的迅速发展，人工智能在教育中的应用日益广泛。尤其是在编程教育领域，借助 ChatGPT 等生成式 AI 工具，编程学习的模式正在发生深刻变化。传统编程教育依赖于固定的语法规则和编程语言，但随着 AI 技术的引入，编程学习逐渐变得更加灵活和个性化。通过与它的对话交互，学生不仅能够更轻松地学习编程知识，还能够通过个性化的指导提高学生的计算思维与技术素养。本节将探讨 ChatGPT 如何在编程学习中促进学生计算思维的发展，并提升他们的技

1 Chawla U, Mohnot R, Singh H V. Unleashing the potential: An empirical study on Student Application of ChatGPT in Education using serial mediation modeling [J]. Education and Information Technologies, 2024: 1 - 35.

术素养，尤其是在自主学习能力、编程调试和创新能力方面的作用。

计算思维是信息技术学科的核心素养之一，它包括问题分解、模式识别、抽象和算法设计等关键技能。ChatGPT 通过自然语言处理和即时反馈功能，帮助学生在编程过程中形成并强化这些思维模式。研究表明，利用 ChatGPT 进行编程教育的学生，其计算思维能力显著提升，这是因为它不仅能够为学生提供问题的解决方案，还能通过解释代码逻辑，帮助学生理解问题的各个组成部分，并引导其逐步完成算法设计[1]。例如，当学生面对复杂的算法设计任务时，它能够通过简化问题并逐步引导学生构建解决方案，帮助他们掌握算法设计中的关键步骤。这种即时的互动和反馈能够有效提高学生的学习效率，并帮助他们形成批判性思维和解决问题的能力。肯德尔·哈特利（Kendall Hartley）等人的研究进一步证明，ChatGPT 能够提供全面且量身定制的编程概念和实践指导，它通过整合多模态信息源，将理论与实践相结合，为学生提供详细的示例和解释[2]。这种整合式的学习体验不仅帮助学生在理论上理解编程概念，还通过实际操作加深了对问题解决的理解，提升了学生抽象思维和解决问题的能力。

学生在编程学习过程中遇到的最大困难之一就是调试错误，而 ChatGPT 在调试错误时能够提供基于代码逻辑的深入解释，帮助学生理解和解决编程中的错误。在传统的学习模式下，学生往往需要耗费大量时间自行查找和修正错误。而它能够为学生提供智能化的调试帮助，快速分析错误代码并提供修正建议。研究发现，使用 ChatGPT 进行编程学习的学生在面对编程错误时，其调试效率显著提升，它可以通过提供调试帮助、bug 预测和 bug 解释来解决编程 bug，从而提高调试过程的效率和准确性；然而 ChatGPT 输出的质量将取决于训练数据的质量和系统的设计，需要使用其他调试工具和技术来验证其预测和解释，并确保代码没有错误[3]。这种即时反馈大大缩短了调试的时间，提高了编程学习的效率。ChatGPT 不仅能解释错误，还

1 Yilmaz R，Yilmaz F G K. The effect of generative artificial intelligence（AI）-based tool use on students' computational thinking skills，programming self-efficacy and motivation［J］. Computers and Education：Artificial Intelligence，2023，4：100147.

2 Hartley K，Hayak M，Ko U H. Artificial Intelligence Supporting Independent Student Learning：An Evaluative Case Study of ChatGPT and Learning to Code［J］. Education Sciences，2024，14（2）：120.

3 Surameery N M S，Shakor M Y. Use chat gpt to solve programming bugs［J］. International Journal of Information Technology and Computer Engineering，2023（31）：17－22.

能为学生提供代码优化的建议，这对于提高学生的编程思维和解决问题的能力至关重要[1]。同时，提供清晰的错误解释和解决方案，帮助学生缩短问题解决的时间，并减少学习中的挫败感，从而增强学生的编程自我效能感，使他们在处理编程任务时更加自信。

研究表明，学生们表示在编程学习中使用ChatGPT能够快速获取大多数正确的问题答案，提高思维能力，显著提高学习者的编程自我效能和编程信心[2][3]。这种自我效能感的提升不仅有助于学生应对复杂的编程任务，还能够促使他们在面对新的编程问题时更加主动和独立。

技术素养不仅仅是编程技能的积累，还包括运用技术解决实际问题的能力。ChatGPT不仅能够帮助学生完成编程任务，还可以为他们提供基于项目的学习经验[4]。它通过提供真实的编程案例和项目任务，为学生提供清晰的任务分解和逐步反馈，帮助他们理解如何从问题分析到方案设计，再到最终实施，将编程知识应用于实际问题的解决过程。这种基于实际问题的学习方式，有助于学生将抽象的编程知识转化为具体的解决方案。例如，学生可以利用提示和反馈，独立开发小型项目或应用程序，从而在实际操作中应用所学知识并进行创新。编程项目通常涉及从问题识别到解决方案设计和实现的全过程，而ChatGPT在这个过程中扮演了智能导师的角色。通过逐步引导学生理解和解决复杂问题，不仅帮助学生掌握编程语言的语法和逻辑，还培养了他们的创造性思维和解决问题的创新能力。此外，它还能够为学生提供不同编程任务的建议，帮助他们探索更多元的编程应用领域，如数据科学、人工智能和物联网技术等。

为了实现这一目标，学校首先需要确定具体的应用场景。学校管理者应与学科教师

---

1 Hartley K，Hayak M，Ko U H. Artificial Intelligence Supporting Independent Student Learning：An Evaluative Case Study of ChatGPT and Learning to Code ［J］. Education Sciences，2024，14（2）：120.

2 Yilmaz R，Yilmaz F G K. Augmented intelligence in programming learning：Examining student views on the use of ChatGPT for programming learning ［J］. Computers in Human Behavior：Artificial Humans，2023，1（2）.

3 Sun D，Boudouaia A，Zhu C，et al. Would ChatGPT-facilitated programming mode impact college students' programming behaviors，performances，and perceptions? An empirical study ［J］. International Journal of Educational Technology in Higher Education，2024，21（1）：14.

4 Hartley K，Hayak M，Ko U H. Artificial Intelligence Supporting Independent Student Learning：An Evaluative Case Study of ChatGPT and Learning to Code ［J］. Education Sciences，2024，14（2）：120.

或教研团队密切合作，识别哪些学科和教学环节最适合通过 ChatGPT 给予支持。例如，在编程教学中，它可以帮助学生调试代码，而在外语学习中，它可以与学生进行对话练习，帮助他们提高语言技能。一旦确定了适用场景，学校应与技术支持团队合作，将 ChatGPT 集成到现有的学习管理系统中。这一过程需要考虑学校现有的技术基础设施，确保它能够无缝融入现有的教学平台，并且在使用过程中稳定可靠。在技术集成完成后，学校应为教师提供必要的培训，使他们能够熟练掌握 ChatGPT 的功能，并了解如何通过该工具提高教学效率。在实际课堂中，教师可以通过让学生与其互动，实时解决问题或进行练习，从而提高教学效率。同时，学校管理者需要定期收集学生和教师的反馈，评估其应用效果，并根据实际需求对其进行优化和调整。通过持续改进和优化，学校可以不断提升 ChatGPT 在各学科中的应用效果，从而更好地支持教师的教学工作。

4.3 综合素质的多维支持

随着教育方式的不断革新，学校不仅要关注学生的学术成就，还要更加全面地支持学生的综合发展，包括他们在兴趣、心理健康以及未来学习能力等方面。这些维度的全面发展，直接影响学生的整体素养和未来成长。ChatGPT 作为一款先进的生成式人工智能工具，不仅可以为学生个性化地推荐课外活动、帮助他们发展特长，还可以通过分析学生的行为数据，及时识别和干预潜在的心理问题。通过智能化的管理和个性化的支持，能够设计个性化的学习路径和虚拟协作项目，增强学生的终身学习能力和团队协作能力。本节将从课外活动与特长发展、心理健康监测与干预、终身学习与协作能力等三个方面，探讨 ChatGPT 如何助力学生的综合发展。

4.3.1 课外活动与特长发展

在学业之外，尤其是在传统课程表之外的领域，如何帮助学生发现和发展他们的兴趣与特长，是学校管理的重要挑战。课外兴趣活动在青少年的成长过程中具有重要意义。研究表明，参与体育、音乐、绘画、舞蹈、机器人等课外活动，不仅能帮助青少年发展各种技能，还能促进社交互动和整体健康[1]，有助于性格发

1 Fredricks J A，Simpkins S D. Organized out-of-school activities and peer relationships：Theoretical perspectives and previous research［J］. New directions for child and adolescent development，2013（140）：1－17.

展、提高学业成绩并增强责任感[1]。然而，考虑到活动的数量众多且形式多样，有效管理这些活动通常具有挑战性。ChatGPT 可以帮助学生和教师规划课外活动，推荐合适的项目，并根据学生的表现提供个性化的建议，帮助他们在兴趣领域取得更大进步。

在课外活动管理中，ChatGPT 的智能化功能能够显著提升组织效率和学生的参与度。传统的课外活动管理通常依赖于手动操作，如公告板通知或电子邮件提醒，这不仅费时且容易遗漏重要信息。生成式人工智能工具可以通过分析学生的兴趣和时间表，自动为每个学生推荐最相关的活动。例如，在一个特许学校（Charter Schools）的应用案例中，GPT－4 成功地整合到课外活动管理系统中，不仅自动发送个性化的活动通知，还能根据学生的个人需求动态调整活动安排[2]。这种智能助手功能确保学生能够及时接收到关于俱乐部会议、体育比赛等活动的相关信息，从而提高他们的参与积极性。

对于许多青少年而言，选择合适的课外活动可能是一个巨大的挑战。他们通常面临着众多选择，但对每种活动的具体内容、所需的技能和潜在的收益缺乏了解。在这种情况下，ChatGPT 可以通过与青少年的对话，了解他们的兴趣、能力以及时间安排，根据学生的爱好、学业负担以及未来的职业规划，推荐合适的课外活动，如机器人俱乐部、艺术工作坊或体育项目。例如，如果学生对科技感兴趣，但不确定是否选择编程或机器人俱乐部，ChatGPT 可以根据学生的背景和兴趣强度，给出具体的推荐，帮助学生在众多选项中作出最明智的决定。这种个性化的推荐不仅可以帮助学生更好地利用课外时间，还能引导他们发现和发展新的兴趣与才能。此外，ChatGPT 可以帮助学生制定详细的活动计划，平衡学业与课外活动的时间安排。通过分析学生的日常时间表，它可以生成一份个性化的时间安排，确保学生在不影响学业的情况下，能够充分参与课外活动。这个过程不仅提高学生参与活动的积极性，也增强了他们的时间管理能力。

ChatGPT 可以在学生的技能学习中扮演重要角色，为学生提供分步骤的指导和

1　Metsäpelto R L，Pulkkinen L. The benefits of extracurricular activities for socioemotional behavior and school achievement in middle childhood：An overview of the research [J]. Journal for educational research online，2014，6（3）：10－33.

2　Sandra Hughes. Enhancing Extracurricular Activities in Charter Schools with ChatGPT Technology [J]. AI Development in Charter Schools，2024.

实时反馈。对于许多学生来说，参与新的课外活动可能会遇到各种挑战，特别是在技能学习的初期阶段。ChatGPT 可以将复杂的学习过程分解为易于管理的小步骤，无论是学习一门乐器、编写机器人程序，还是掌握一项运动技巧。它不仅可以提供技术指导，还能推荐合适的学习资源，如在线课程、练习题库或实践项目，帮助学生逐步掌握所需技能。此外，ChatGPT 还可以为学生提供建设性的反馈，帮助他们在活动中不断改进。学生可以在任何时候向其寻求帮助，无论是解决某个具体问题，还是进一步提升技能。例如，当学生提交一篇科技报告或展示一段舞蹈视频时，大模型能够分析作品的优缺点，并提供具体的改进建议。这种即时的反馈机制不仅帮助学生在每次活动中都有所进步，还能让他们清楚地看到自己的成长轨迹，从而进一步激发他们的学习兴趣和动力。这种灵活的学习支持使得学生能够在自己的节奏下学习，不受传统课堂时间的限制。

除了技术和技能支持，ChatGPT 在精神层面的帮助同样不可忽视。参与新的课外活动或进入不熟悉的领域，往往会让青少年感到压力或焦虑。面对这些情绪，ChatGPT 等 AI 工具可以充当支持性的“数字伴侣”，为学生提供情感支持和建设性的反馈。当学生在活动中遇到困难或挫折时，它可以识别这些信号，并通过鼓励性的话语帮助学生渡过难关。这对于保持学生的学习动机至关重要。例如，学生在练习舞蹈时，可以描述他们的练习情况，ChatGPT 会根据描述提供改进建议，并鼓励他们继续努力；当学生在体育训练中感到疲惫时，ChatGPT 可以识别出这些情绪，并通过积极的对话帮助学生保持信心和动力。这种即时反馈不仅帮助学生及时纠正错误，通过持续的正向强化，帮助他们建立信心，促使他们在活动中不断进步，还能培养他们的韧性和抗压能力，帮助他们在未来的学习和生活中保持积极的心态。

为激发学生的个性潜能，学校可以通过问卷调查或直接与学生对话的方式，收集他们的兴趣爱好和特长领域，并将这些信息输入 ChatGPT，生成个性化的分析报告，帮助学生发掘潜在的兴趣领域和发展方向。基于这些分析，学校可以向学生和家长推荐相关的课外活动，如艺术、体育或科学俱乐部，并帮助他们理解这些活动的潜在益处，鼓励学生积极参与，帮助学生发掘潜力领域。在活动进程中，ChatGPT 可以定期跟踪学生的表现，并生成进展报告，帮助教师和家长及时调整支持策略，确保学生能够在兴趣领域深入发展。同时，它还可以帮助学生制定长期的学习和发展计划，识别学校教育与未来职业之间的技能差距，提供相应的学习建议和资源推荐，帮助学生为未来的职业挑战做好准备。通过这些方式，学校可以更好地支持学生的全方位发展，促进他们在学业之外实现成长和进步。

4.3.2 心理健康监测与干预

在学校管理中，学生的行为管理与心理健康一直是备受关注的议题。健康的心理状态与良好的行为表现是学生全面发展的基础。传统的行为管理和心理健康筛查方法通常依赖于教师的经验，但这种方式容易受到时间和人力资源的限制。而随着生成式 AI 技术的引入，特别是 ChatGPT 的应用，学校管理者可以通过数据分析和即时反馈，更早识别并有效干预学生的行为和心理健康问题，帮助学生建立积极的行为模式，并提供情感支持。

目前，关于使用 ChatGPT 进行心理健康筛查的真实应用案例和文献报道尚不广泛，特别是专门针对学校心理健康筛查的具体研究仍在发展之中，具体案例研究大多集中在教育辅助、学生支持以及个性化学习等领域。已有案例显示出更广泛的 AI 工具在识别和支持心理健康方面的潜力。例如，AI 驱动的虚拟辅导员（如 Woebot）可以帮助管理焦虑、抑郁等情绪，并提供认知行为疗法，研究表明，全自动对话代理可以为自我认定有焦虑和抑郁症状的学生提供自助计划[1]。通过强大的自然语言处理技术，它能够有效地模拟专业心理健康筛查问卷的结果。ChatGPT 能够从学生的语言互动或社交媒体数据中，分析并识别出与抑郁、焦虑等心理健康问题相关的症状。例如，有研究通过使用 ChatGPT 来处理基于心理健康问卷（如 BDI－II）的数据，自动生成相关的心理健康状况报告[2]。有研究者将 GPT－3 和 GPT－4 生成的抑郁发作评估和建议治疗方案与初级保健医生的建议进行比较，结果发现与管理轻度和重度抑郁症的公认指南非常吻合，没有表现出初级保健医生中观察到的性别或社会经济偏见[3]。

学校可以设计一份标准化的心理健康问卷，并通过 ChatGPT 对问卷进行自动分

---

1 Fitzpatrick K K，Darcy A，Vierhile M. Delivering cognitive behavior therapy to young adults with symptoms of depression and anxiety using a fully automated conversational agent (Woebot)：a randomized controlled trial [J]. JMIR mental health，2017，4 (2)：e7785.

2 Bucur A M. Utilizing ChatGPT generated data to retrieve depression symptoms from social media [J]. arXiv preprint arXiv：2307. 02313，2023.

3 Levkovich I，Elyoseph Z. Identifying depression and its determinants upon initiating treatment：ChatGPT versus primary care physicians [J]. Family Medicine and Community Health，2023，11 (4).

析。它能够通过分析学生的问卷答案，发现焦虑、抑郁等心理问题的初步信号。随后，学校心理咨询师可以利用这些数据进一步介入，进行详细的评估和辅导。例如，在某些学校的实践中，ChatGPT 通过分析学生的出勤、作业提交以及课堂参与等行为数据，发现了潜在的心理问题。这种数据分析为学校管理者提供更早期的干预机会，帮助他们尽早为有需要的学生提供专业支持。需要注意的是，有研究者对 ChatGPT 在提供心理健康支持方面的有效性持相反意见，特别是在处理与焦虑和抑郁相关的问题上存在观点不一致。例如，有研究指出，它在识别细微的情绪变化时准确性不足，且所提供的建议可能缺乏个性化，在面对复杂心理状况时可能导致不适当的结果[1]。

除了筛查，ChatGPT 还可以为学生提供即时的心理辅导，帮助他们管理情绪问题。例如，它可以根据患者的独特症状、病史和心理健康问题，为患者提供个性化治疗[2]。此外，它还能够根据心理健康数据，提供及时的情感支持与应对策略，例如缓解焦虑或提供自我效能感的提升建议，为那些无法及时获得专业辅导的学生提供初步的心理帮助。比如，在面对考试压力时，它能够提供应对焦虑的策略，建议学生如何合理分配复习时间，调节作息，缓解心理压力。同时，它还可以为学生推荐专业的心理健康资源，如书籍、文章或咨询机构。通过这种方式，ChatGPT 能够有效帮助学生应对日常的心理挑战，提供初步的支持。对于显示出的较为严重的心理问题，它会建议学生寻求进一步的专业辅导，并将他们引导至学校心理辅导员或其他专业资源。这不仅减少了学生心理问题恶化的可能，还减轻了学校心理辅导员的工作负担。

此外，ChatGPT 还能够为教师提供行为管理策略。系统可以生成干预方案，帮助教师设计纪律或激励措施。对于有多动症或注意力缺陷的学生，它还可以建议教师如何调整课堂管理策略，以更好地满足这些学生的需求。通过这种个性化的建议，ChatGPT 不仅提高行为管理的效率，也帮助学生更好地融入学校生活。

为了更充分利用 ChatGPT 进行心理健康监测与干预，学校管理者可以将其作为会话代理模拟心理咨询访谈，通过互动交流来捕捉学生的情绪波动和心理困扰。首

---

1 Farhat F. ChatGPT as a complementary mental health resource: a boon or a bane [J]. Annals of Biomedical Engineering, 2024, 52 (5): 1111 - 1114.

2 Farhat F. ChatGPT as a complementary mental health resource: a boon or a bane [J]. Annals of Biomedical Engineering, 2024, 52 (5): 1111 - 1114.

先，学校应为 ChatGPT 设计标准化的心理健康访谈模板，允许其通过与学生的对话识别出焦虑、抑郁等心理健康问题的早期信号。ChatGPT 能够根据学生的语言表述和情感表达，提供即时反馈，并为显示出情绪波动的学生提供个性化的应对策略。同时，它还能生成访谈记录和心理健康报告，帮助教师和心理辅导员更深入地了解学生的心理状态。如果发现严重的心理问题，它会建议学生寻求专业辅导，并及时引导至学校心理咨询师。通过这种多层次的监测与干预机制，ChatGPT 不仅能提高识别效率，还能为学生提供持续的情感支持和行为管理策略，帮助他们保持健康的心理状态。

4.3.3 终身学习与协作能力提升

随着全球化和技术的迅速发展，终身学习和协作能力已经成为 21 世纪人才培养的核心要求。传统的教育模式更多关注学校阶段的学习，却忽略了学生毕业后在社会中的持续学习需求。然而，面对快速变化的知识和技能需求，学生必须具备自主学习的能力，并能够在未来的工作和生活中不断提升自己。AI 技术，特别是 ChatGPT，正逐步成为支持终身学习和促进协作能力提升的重要工具。它不仅可以帮助学生设计个性化的学习路径，识别技能差距，还可以通过虚拟团队项目和在线互动，增强他们的协作能力和社交技能。

终身学习打破了传统教育的时空限制，支持个体在不同人生阶段的学习与发展。ChatGPT 通过其强大的自然语言处理能力和即时反馈机制，为学生和成人学习者提供个性化的学习支持。特别是在成人教育和职业培训中，它可以帮助设计个性化的课程顺序推荐系统，指导学习者根据自身的兴趣和需求选择适合的课程，帮助他们有效地完成学业或提升职业技能。同时，AI 还能够识别学校教育与职业要求之间的技能差距，建议学习者调整学习路径，以便更好地应对未来的职业挑战。萨拉·卡西科（Sarah Cacicio）[1] 等人探讨了 ChatGPT 等人工智能技术在成人教育中的应用，特别是个性化学习支持的价值。AI 不仅能够为学习者设计支持多样性的活动，还能够促进他们的批判性思维，并帮助评估学习过程中信息的真实性。在这种 AI 支持的环境中，学习者可以通过参与具体的体验，反思所学内容，并将新知识与现有知识体系相结合，从而实现深度学习。这种个性化的学习支持，为学习者提供充足的学

1 Cacicio S, Riggs R. ChatGPT: Leveraging AI to Support Personalized Teaching and Learning [J]. Adult Literacy Education, 2023: 70.

习机会，促进了他们的终身学习。

在传统教育模式下，学生的学习路径往往是固定的，课程内容也具有标准化的特征。而ChatGPT通过其生成式AI技术，可以根据每个学习者的特点、需求和学习目标，生成个性化的学习计划，帮助他们更加有效地完成学业。这种个性化推荐不仅限于知识传授的层面，还包括能力提升、批判性思维的培养以及自我效能感的增强。例如，若一名在职人员想要转型至数据科学领域，ChatGPT可以通过分析该学习者的现有技能与未来职业要求，设计出一条符合其学习进度和目标的课程推荐路径。这种AI驱动的学习模式不仅节省学习时间，也增强了学习的针对性和实用性。

随着全球化和科技的进步，社交互动与协作能力成为现代学习者不可或缺的素养。ChatGPT不仅能在个性化学习中发挥作用，还能够通过虚拟团队项目、在线讨论和跨校合作等形式，促进学生的协作能力发展。通过引导学生参与各种虚拟社交活动，ChatGPT帮助他们克服传统学习中的社交障碍，特别是对于那些性格内向或由于地理限制而无法参与实体课外活动的学生，为他们提供一个安全且无压力的社交互动平台。例如，在一个在线编程挑战赛中，帮助学生组织团队，协调项目进展，并提供即时技术支持。通过这种方式，学生不仅提高了编程技能，还在虚拟环境中发展了团队协作能力。ChatGPT还可以通过分析学生的兴趣和能力，为他们推荐跨学科合作项目，帮助他们在不同领域中扩展知识面。例如，它可能会建议一名具有编程技能的学生与一名音乐爱好者合作开发音乐创作软件，或将科学研究与艺术创作结合，开展跨学科的创新项目。这些活动有助于学生提升跨领域的协作能力，增强团队精神，同时拓宽他们的文化视野和沟通技巧。

社交互动和协作能力不仅在传统的面对面教学中发挥重要作用，在在线学习和远程教育中同样至关重要。尽管有些人批评ChatGPT缺乏人际互动，限制了学生之间的协作机会[1]，但实际应用表明，它能够通过虚拟团队项目、在线讨论和比赛等活动，显著提高学生的协作能力和社交技巧。例如，在艺术创作项目中，将ChatGPT集成至在线协作平台，可以帮助不同校区的学生合作创作艺术作品，或组织在线编程挑战赛，让来自不同背景的学生共同参与。这些基于AI的社交互动和协作，不仅帮助学生克服地理和性格限制，还拓展了他们的社交网络，增强了跨文化

1 Rawas S. ChatGPT：Empowering lifelong learning in the digital age of higher education [J]. Education and Information Technologies，2024，29 (6)：6895 - 6908.

沟通能力。

除了支持终身学习和协作能力，ChatGPT 还可以帮助学生增强社会存在感和学习社群的参与感。通过模拟对话和虚拟互动，学生能够在 ChatGPT 的支持下体验一种类社交的学习环境。虽然这种互动不是面对面的社交，但它能够填补传统在线学习中的社交空白，帮助学生在虚拟学习环境中找到归属感[1]。此外，它还能充当沟通桥梁，帮助学生更好地融入学习社群，增强他们在学习活动中的参与感。例如，在一个远程教育项目中，学生利用 ChatGPT 参与虚拟学习讨论，尽管他们没有面对面的交流，但通过与其互动，他们感受到了强烈的社会存在感，并增强了参与学习社群的积极性。ChatGPT 在模拟对话中的互动性不仅帮助学生理解学习内容，还让他们感到自己是学习过程中的重要一员。这种虚拟互动不仅能够帮助学生克服在线学习中的孤独感，还为他们提供一个安全、开放的环境，增强他们的学习动机。例如，在讨论中，调用 GPT API 可以引导学生探讨关键问题，提供相关的背景知识，并建议进一步的学习资源，或者能监控学生的互动情况，识别出需要改进的地方，提出建设性的建议。

为了有效利用 ChatGPT 支持终身学习与协作能力提升，学校管理者应采取以下技术措施。首先，将 GPT API 集成到现有的学习管理系统，确保系统具备足够的数据处理能力并与 AI 模型兼容。通过大模型对学生的学业成绩、行为表现和职业目标进行分析，管理者可以为每名学生生成个性化的学习路径推荐，并根据其未来的职业需求调整学习内容。在此过程中，学校需要确保数据隐私和安全性，采用加密协议及严格的访问控制措施。其次，学校管理者可以为学生创建虚拟学习社群，然后通过让 GPT API 作为虚拟导师，促进学生参与跨学科合作与在线讨论。它能够实时提供反馈、监控讨论进展，并提出建设性意见，特别是在复杂讨论情境下，学校可以引入专家系统或定制 AI 模块以加深其引导深度。最后，为提升反馈的准确性和针对性，建议引入教师监督机制，在系统提供初步反馈后，教师复核并调整，从而实现“人机协作”的优化教学模式。

1 Chawla U, Mohnot R, Singh H V. Unleashing the potential: An empirical study on Student Application of ChatGPT in Education using serial mediation modeling [J]. Education and Information Technologies, 2024: 1 - 35.

第 5 章

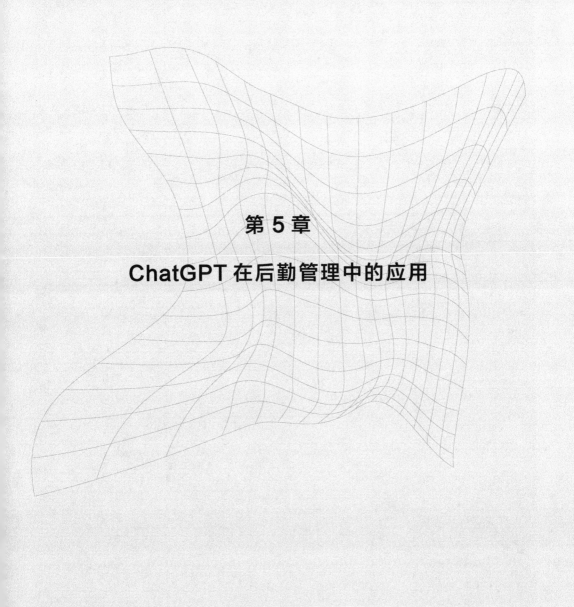

ChatGPT 在后勤管理中的应用

ChatGPT作为人工智能领域的颠覆性创新，正以前所未有的速度和广度渗透到教育行业的方方面面。中小学后勤管理作为支撑学校运行的关键环节，面临提质增效、智能升级的迫切需求。ChatGPT在这一领域的应用探索，为破解采购、餐饮、安全、资产等业务难题提供了全新思路。通过引入ChatGPT，中小学有望实现供应链优化、食品安全提升、校园风险防控、资源配置效率跃升等一系列管理突破。本章聚焦ChatGPT在采购决策、餐饮管理、安全防控、资产盘点等具体场景中的创新实践，多维度呈现其赋能后勤治理变革的实质价值。此外，本章也将剖析ChatGPT应用的挑战与风险，为高校快速适配这一前沿技术提供实操指引。

5.1 设备采购与资产管理的转型

在中小学后勤管理的纷繁世界里，采购和资产管理构成学校平稳运行的重要参数。传统的管理方式往往效率较低，难以满足现代化管理的需求。别担心，ChatGPT已走上舞台，它不仅是一个新工具，更是重塑这些关键领域的变革力量。本节将深入探讨ChatGPT如何加速采购流程、提升供应商评估的精准度，并革新资产管理方式。

5.1.1 完善采购流程与供应商评估

在中小学后勤管理的采购流程中，往往存在需求表达不清、供应商评估复杂、流程管理烦琐等问题，导致采购效率低下，决策质量难以保障。ChatGPT以其卓越的语义理解和信息处理能力，有望突破这些瓶颈，显著提升采购和供应商评估的效率。

（1）采购流程的智能化

在传统采购流程中，重复性的任务如数据录入和供应商沟通占用了大量时间和精力。借助 ChatGPT，学校可以实现部分流程的自动化，例如生成采购订单、撰写询价函、自动回复供应商等，甚至辅助进行初步的沟通。这不仅减少了人为错误，还使采购人员从烦琐的事务中解放出来，将更多精力投入战略决策。当供应商提出常见或重复性的问题时，ChatGPT 可以即时回复，提高沟通效率并缩短响应时间[1,2]。此外，它还能协助整理采购需求，确保描述清晰准确，避免因沟通不畅导致的误解。

在采购谈判中，信息不对称往往影响谈判的结果。ChatGPT 通过对公开历史数据的分析，帮助采购人员了解市场变化趋势，提供数据分析和场景规划，模拟各种谈判结果。这种能力不仅可以优化谈判结果，还可以确保采购决策与组织目标和市场动态保持一致[3]。举例来说，当学校需要与供应商协商设备采购价格时，ChatGPT 可以提供市场上类似设备的价值信息和趋势分析，帮助管理者制定更具竞争力的谈判策略，从而达成对学校最有利的采购协议。

ChatGPT 的另一大优势在于其强大的自然语言处理能力，能够分析大量非结构化数据，例如供应商评价、市场趋势和采购文档。通过对这些数据的分析，它提供有关供应商绩效和市场状况的宝贵见解，帮助采购人员作出更明智的决策。通过综合来自各种来源的数据，ChatGPT 也可以帮助采购团队识别潜在的风险和机会，优化供应商评估流程[4,5]。

---

1 Haddud A. ChatGPT in supply chains：exploring potential applications，benefits and challenges ［J］. Journal of Manufacturing Technology Management，2024.

2 Wang X，Wu X. Can ChatGPT serve as a multi-criteria decision maker? A novel approach to supplier evaluation ［C］//ICASSP 2024 - 2024 IEEE International Conference on Acoustics，Speech and Signal Processing（ICASSP）. IEEE，2024：10281 - 10285.

3 Barmuta K，Borisova A，Dymchenko O. Improving the supplier evaluation technique in the company's procurement logistics ［C］//E3S Web of Conferences. EDP Sciences，2022，363：01052.

4 Cooper M. Sustainable procurement practices：exploring environmental and social criteria in supplier evaluation ［J］. 2024. DOI：10.20944/preprints202407.0752.v1.

5 Chowdhury M，Rifat N，Latif S，et al. ChatGPT：the curious case of attack vectors' supply chain management improvement ［C］//2023 IEEE International Conference on Electro Information Technology（eIT）. IEEE，2023：499 - 504.

(2) 供应商评估的精准化

在供应商评估方面，ChatGPT 可谓是采购团队的得力助手。它能够汇总来自多个渠道的数据，包括过去的绩效指标、合规记录和财务稳定性报告，帮助建立详细的供应商档案，确保供应商评估过程的完整性和准确性。这种全景式视图使采购团队能够更准确地评估供应商，作出基于数据的决策。例如，它可以迅速分析多个供应商的历史表现和市场反馈，并提供一份全面的评估报告，协助管理者筛选出最佳合作伙伴。通过分析供应商的历史记录，它还能识别潜在风险，帮助学校规避未来可能出现的问题，降低与供应商选择相关的风险[1,2]。

在供应商筛选过程中，ChatGPT 能综合价格、质量、交货时间等多个评估维度，自动生成筛选报告。管理者通过这份报告可以快速了解各供应商的优劣，作出符合学校战略需求的选择。例如，学校若要选择新的学生食堂餐饮供应商，ChatGPT 可整合分析各供应商的价格、食品质量、供货时间和客户反馈等数据，最终给出最优推荐。

以采购场景为例，七步战略采购模型（Seven-Step Strategic Sourcing Process）是现代采购管理的黄金标准，提供了系统化的框架来优化采购流程，实现价值最大化和风险最小化。该模型包括内部需求分析、供应市场分析、制定采购策略、选择战略采购流程，筛选供应商、实施和集成、基准测试七步[3]。接下来，我们将一起探索 ChatGPT 如何基于该模型辅助采购流程（见图 5－1）。

① 内部需求分析

ChatGPT 可通过分析历史数据和预测未来需求，帮助确定采购需求。它通过处理大量数据，识别消费模式，根据过去的采购趋势和预计需求[4,5]，提供需要采购的物品建议。同时，协助管理者准确描述和细化采购需求，提高需求表述的精准度。

---

1 Dustin W. ChatGPT & Co. verändern die Supply Chain [J]. Lebensmittel-Zeitung, 2023.

2 Frederico G F. ChatGPT in supply chains: initial evidence of applications and potential research agenda [J]. Logistics, 2023, 7 (2): 26.

3 SupplierGateway. Understanding the famous 7－step strategic sourcing process [EB/OL]. (2021－08－05) [2024－10－04]. https://www.suppliergateway.com/2021/08/05/understanding-the-famous-7-step-strategic-sourcing-process/.

4 Chowdhury M, Rifat N, Latif S, et al. ChatGPT: the curious case of attack vectors' supply chain management improvement [C] //Proceedings of the 2023 IEEE International Conference on Electro Information Technology (eIT). IEEE, 2023: 499－504.

5 Biswas SS. ChatGPT for research and publication: a step-by-step guide [J]. The Journal of Pediatric Pharmacology and Therapeutics, 2023, 28 (6): 576－584.

图 5－1　ChatGPT 辅助采购流程

提示语设计：

<角色>你是一位采购经理</角色> <任务>分析过去两年学校的采购需求数据，为即将到来的学年制定合理的采购计划</任务>

② 供应市场分析

ChatGPT 能分析大量的供应商数据，优化供应市场分析过程。它根据成本、质量、交付绩效等预定义标准进行评估；通过分析历史业绩、资质信息和信用记录，生成全面的供应商评估报告，帮助管理者作出明智决策。

提示语设计：

<角色>你是一位学校采购员</角色> <任务>分析当前市场中的主要供应商，并根据性价比、质量、交付能力进行排序</任务>

③ 制定采购策略

在征求投标的阶段，许多企业使用的最常见方法是征求建议书（RFP）。ChatGPT 可以通过自动生成和定制化 RFP（请求提案）模板来协助制定采购策略[1]。

1　Ravi Kiran A V V V, Kusuma Kumari G, Krishnamurthy P T. ChatGPT in drug discovery process [J]. Advanced Pharmaceutical Bulletin, 2024, 14 (1): 5－6.

提示语设计：

<角色>你是一位采购策略分析师</角色> <任务>编写适合学校 IT 设备采购的 RFP（请求提案）模板</任务>

④ 选择战略采购流程

ChatGPT 可以通过分析历史采购数据和市场趋势来优化采购流程的选择。

提示语设计：

<角色>你是一位采购流程优化专家</角色> <任务>根据学校的历史采购数据，选择适合的大批量采购流程</任务>

⑤ 筛选供应商

ChatGPT 可以通过多维度分析和比较供应商报价来优化筛选过程。它能够根据预设的多个标准（如价格、质量、交付时间、售后服务等）对供应商进行全面评估[1]，处理大量复杂的投标文件，识别出各供应商之间的关键差异，并根据学校的具体需求和优先事项，建议最具成本效益和最有益的选择。

提示语设计：

<角色>你是一位学校采购专员</角色> <任务>对多个供应商的报价进行比较，分析他们的性价比和服务质量</任务>

⑥ 实施和集成

ChatGPT 可以通过多方面支持来优化采购实施和集成过程。它能够提供行业标准和最佳实践的洞察[2]，为采购团队提供谈判建议，协助起草合同条款和条件，在确保合规性的同时优化合同内容。对于合同管理，ChatGPT 可以监控合同执行情况，并提醒采购人员注意任何偏差或潜在问题[3]。

提示语设计：

<角色>你是一位采购实施协调员</角色> <任务>提供实施采购方案的具

---

1 Chawla A, Varshney A, Umar M S, et al. ProBot: an online aid to procurement [C] // 2018 International Conference on System Modeling & Advancement in Research Trends (SMART). IEEE, 2018: 268 - 273.

2 Feng J, Ning Y, Wang Z, et al. ChatGPT-enabled two-stage auctions for electric vehicle battery recycling [J]. Transportation Research Part E: Logistics and Transportation Review, 2024, 183: 103453.

3 Dustin W, Wisotzky. ChatGPT & Co. verändern die Supply Chain [J]. Lebensmittel-Zeitung, 2023.

体步骤和合同条款建议</任务>

⑦ 基准测试

ChatGPT 可以通过全面的数据分析来优化采购绩效的基准测试过程。

提示语设计：

<角色>你是一位采购绩效分析师</角色> <任务>分析和评估过去的采购活动，以优化未来的采购效率</任务>

在引入 ChatGPT 技术后，采购部门可摆脱流程复杂、信息滞后、决策难以数据化的困境，转而依靠智能工具，提高采购效率和准确性，降低风险。这不仅是技术的升级，更是管理模式的转型。

5.1.2 强化资产管理与决策支持

如果说采购是学校正常运转的血液，那么资产管理就是支撑学校运行的骨架。传统的资产管理通常依赖于人工盘点、手工记录等方式，不仅费时费力，而且容易出错。ChatGPT 的出现为这一领域带来了新的可能，它不仅能够大幅提升资产管理的效率，还能通过数据分析提供有价值的决策支持。

回顾历史，托马斯·爱迪生于 1879 年发明具有商业实用价值的白炽灯后，美国家庭全面采用这项革命性技术仍耗时近 40 年。相比之下，以 ChatGPT 为代表的生成式人工智能在资产管理领域的渗透速度令人瞩目。这种 AI 技术已经在数据增强、特征工程、模型选择和投资组合构建等方面展现出巨大的潜力[1]，以前所未有的速度重塑着资产管理的过程。

Man AHL 公司的实践展示了 ChatGPT 在资产管理中的多元化应用。该公司创新性地将 ChatGPT 技术应用于三个关键领域：巨灾债券信息提取、投资者疑问解答，以及宏观数据分析[2]。

（1）信息提取

过去，分析师需要阅读长达 200 页的发行说明书，耗时耗力。现在，ChatGPT 能够

---

1 Eloundou T，Manning S，Mishkin P，Rock D. GPTs are GPTs：An early look at the labor market impact potential of large language models [EB/OL]. arXiv：2303. 10130，2023 [2024 - 10 - 04]. https：//arxiv. org/abs/2303. 10130.

2 Man Institute. AI asset management：lightbulb moment [EB/OL]. [2024 - 10 - 04]. https：//www. man. com/maninstitute/AI-asset-management-lightbulb-moment.

迅速完成数据提取，将关键信息整理到预设模板中，从而大大简化人工审核流程。这不仅提高了效率，还释放了分析师的时间和精力，使他们能够专注于更具战略性的任务。

（2）客户服务

面对客户关于费用、交易市场数量或投资风险目标的询问，ChatGPT 能够快速从相关文档中提取所需信息，并起草初步回复（如图 5－2 所示）。这种智能辅助极大地提高了客户服务的响应速度和质量，使分析师能够将更多精力投入深度分析和战略性工作中。

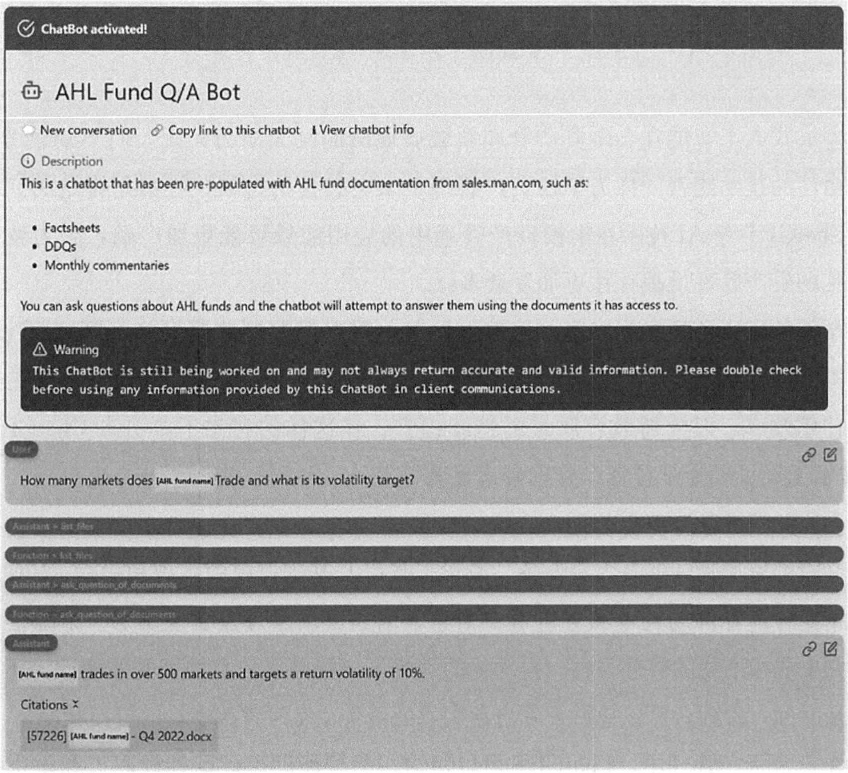

图 5－2　聊天机器人查询文档并生成可供检查的答复

（3）宏观分析

更令人惊叹的是 ChatGPT 在宏观经济研究中的应用。凭借其对基本宏观经济关系的深刻理解，ChatGPT 可以作为一个强大的假设生成器。它能够快速分析特定经济时间序列与市场之间的潜在关系，为研究人员提供有价值的洞察。这些由 AI 生成的假设随后可以通过统计回测方法进行验证，极大地加速研究过程，提高了研究的广度和深度（如图5-3所示）。

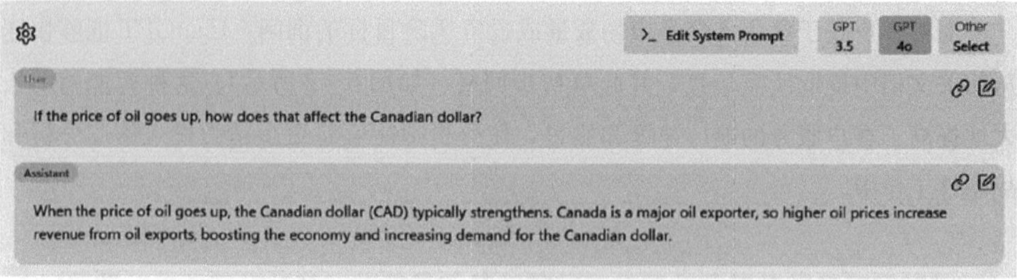

图5-3 ChatGPT解释简单宏观经济关系

生成式人工智能在金融资产管理领域展现出的巨大潜力，让人们不禁思考：这种革命性的技术能否同样为学校资产管理带来突破性的进展？答案是肯定的。事实上，ChatGPT等AI技术在学校资产管理中的应用前景可能更加广阔，因为教育机构面临的资产管理挑战往往更加复杂多样。

学校的资产类型极为丰富，从教学设备、图书资源到建筑设施、IT基础设施，每一类资产都有其独特的管理需求。同时，学校需要在有限的预算内最大化这些资产的使用效率，以支持教育质量的持续提升。在这样的背景下，引入ChatGPT等AI技术无疑可以为学校资产管理带来显著提升。

(4) 资产信息处理自动化

学校的资产管理涉及大量设备、教学工具以及基础设施的维护和跟踪。ChatGPT可以帮助管理者自动处理和分析这些信息，例如自动整理设备说明书、跟踪维修记录，并生成标准化的管理报告。自动化的方式不仅提高了信息处理的准确性，还节省了大量时间，管理者可以通过查看自动生成的报告，实时掌握学校的资产状况。

在日常资产管理中，ChatGPT可以作为一个智能助手，回答教职工和学生关于设备使用、设施预约等日常问询，从而大大减轻管理人员的工作负担。更进一步，ChatGPT还可以根据历史使用数据和当前需求，主动提出资产优化配置建议，如调整教室分配或设备采购计划等。

(5) 日常资产管理精准化

ChatGPT在宏观分析方面的能力同样可以为学校资产管理决策提供有力支持。研究表明，人工智能在自动化处理日常任务和增强教育决策过程中具有巨大潜力，可以通过减少人工错误和提高数据准确性应用于学校资产管理[1]。

借助 ChatGPT 的预测分析功能，学校管理者能够预见设备的潜在问题，并提前制订维护计划。通过分析设备的使用数据和历史维护记录，ChatGPT 可以发现设备的使用模式和故障趋势，提出维护建议，防止小问题演变成大故障，从而节省维修成本。这种预测性维护让资产管理从被动维修转向主动维护，极大提高了设备的使用寿命和学校的运作效率。

(6) 决策支持的智能化

ChatGPT 的预测分析功能不仅限于维护方面，还能为更高层次的资产管理决策提供支持。例如，通过分析不同设备的性能、使用频率和成本效益，ChatGPT 可以帮助管理者制定更合理的资源分配和投资计划，确保学校的长期可持续发展。

通过 ChatGPT 的智能支持，学校的资产管理不再是一个纯粹记录和维护的过程，而是一个数据驱动的战略性管理模式。管理者不仅能够实时掌握学校的资产状况，还能依靠数据分析作出更加合理的资源分配和投资决策。

5.2 校园服务与安全管理的升级

在中小学管理的多彩画卷中，校园服务与安全管理是确保师生安心学习和生活的基石。本节将深入探讨 ChatGPT 如何优化智能设施管理、提升食堂运营效率，以及强化校园安全预警与应急响应，助力学校打造更加智能、更加安全的教育环境。

5.2.1 整合智能设施管理与信息服务

在智慧校园中，ChatGPT 成为师生沟通和信息传播的核心枢纽。人工智能系统通过实时响应与资源管理优化，提高了师生与行政人员的沟通效率。研究表明，AI 系统可以通过自动化处理日常任务，极大减轻教职工的负担，使他们有更多时间专注于战略性工作[2]。

---

1 Harini H. The role of ChatGPT in improving the efficiency of education management processes [J]. Indo-MathEdu Intellectuals Journal, 2023, 4 (2): 255 - 267.

2 Teachflow. The impact of AI on school administration and management [EB/OL]. [2024 - 10 - 04]. https://teachflow.ai/the-impact-of-ai-on-school-administration-and-management/.

(1) 智能信息服务的整合

ChatGPT 可以在校园信息服务平台中扮演关键角色，它能够全天候为学生、教师和行政人员提供即时的回答和信息服务。例如，学生可以通过 ChatGPT 快速整理课程安排、校园活动信息或寻求学术资源的帮助；教师可以借助 ChatGPT 查询教学设备的使用情况、预约教室等；访客也能够通过 ChatGPT 获得校园导览、设施使用指南等信息。

这种信息服务的整合不但提升了服务效率，还能提供个性化的互动体验。ChatGPT 可以根据用户的历史查询记录、兴趣偏好和行为模式自动调整响应内容。例如，它能根据学生的学习进度推荐相关的课外活动，或者为教师推荐合适的教学资源。

案例

Tech Support Advisor 智能设施管理

Tech Support Advisor 是一种基于 ChatGPT 的设施管理技术支持应用，主要用于设备安装、故障排查及维护。以后勤管理中某办公场景需要进行打印机的安装和设置为例，我们将演示如何通过 Tech Support Advisor 来进行设备的管理。

(1) 识别用户需求

用户希望安装并设置办公室内的一台新打印机。此时，Tech Support Advisor 首先会询问用户具体的需求和设备类型，以便确定后续步骤的执行方向。

提示语设计：

“<角色>你是一个经验丰富的技术支持顾问</角色><任务>询问用户具体需要安装的打印机型号和操作系统版本</任务>”

(2) 确认硬件连接

在明确用户需求后，下一步是确认打印机与电脑的物理连接是否正常。Tech Support Advisor 会指导用户逐步检查连接情况。

提示语设计：

“<角色>你是一位耐心细致的技术支持顾问</角色> <任务>引导用户检查打印机和电脑的物理连接是否正确</任务>”

(3) 下载并安装驱动程序

在确认硬件连接无误后，需要安装适合该打印机型号的驱动程序。Tech Support Advisor 可以帮助用户找到并下载合适的驱动。

提示语设计：

“<角色>你是一位提供具体指导的技术顾问</角色> <任务>帮助用户找到合适的打印机驱动程序并指导安装</任务>”

(4) 配置打印机设置

在驱动程序安装完成后，Tech Support Advisor 会指导用户完成打印机的初始配置，例如选择默认打印机、设定纸张大小等。

提示语设计：

“<角色>你是一位精通打印机设置的技术顾问</角色> <任务>指导用户配置打印机的默认设置和纸张参数</任务>”

(5) 测试打印

在配置完成后，Tech Support Advisor 会要求用户进行一次测试打印，以确保设备可以正常运行。

提示语设计：

“<角色>你是一位以用户体验为中心的技术支持顾问</角色> <任务>引导用户打印一份测试页以确保设备运行正常</任务>”

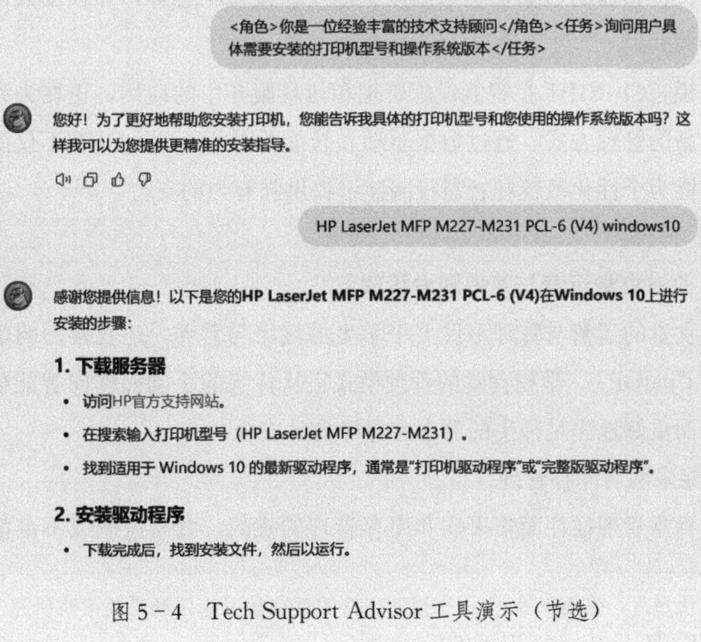

<角色>你是一位经验丰富的技术支持顾问</角色><任务>询问用户具体需要安装的打印机型号和操作系统版本</任务>
您好！为了更好地帮助您安装打印机，您能告诉我具体的打印机型号和您使用的操作系统版本吗？这样我可以为您提供更精准的安装指导。
HP LaserJet MFP M227-M231 PCL-6 (V4) windows10
感谢您提供信息！以下是您的HP LaserJet MFP M227-M231 PCL-6 (V4)在Windows 10上进行安装的步骤：
1. 下载服务器
访问HP官方支持网站。
在搜索输入打印机型号（HP LaserJet MFP M227-M231）。
找到适用于 Windows 10 的最新驱动程序，通常是“打印机驱动程序”或“完整版驱动程序”。
2. 安装驱动程序
下载完成后，找到安装文件，然后以运行。

图 5-4　Tech Support Advisor 工具演示（节选）

(2) 智能设施管理的辅助

在设施管理方面，ChatGPT 的引入能够极大程度提升校园资源的利用率。例如，ChatGPT 能够整合并分析学校各类设施的使用记录，从中提取有价值的洞察，帮助管理人员优化资源分配和使用计划。通过对历史数据的分析，ChatGPT 可以预测哪些教室、实验室或设备将在未来一段时间内的使用率较高，并据此调整设施分配，从而最大化空间和资源的利用效率。

此外，ChatGPT 还可以在设备维护和能耗管理中发挥关键作用。通过分析设施的使用情况和维护记录，ChatGPT 能够预测哪些设备可能即将出现故障，并及时提出维护建议。这种预测性维护能够有效减少设备故障带来的停机时间，延长设备使用寿命，降低维修成本。与此同时，ChatGPT 还能通过对校园能耗数据的实时监控，提出节能建议，帮助学校节省能源开支。

(3) 智能学习环境的优化

除了设施管理，ChatGPT 还能够通过与其他智能系统的集成，进一步整体提升学校的管理水平。以 ChatGPT 为代表的大型模型能够创设个性化和互动式的学习环境，并为学生学习提供广泛的工具与资源[1]。通过与物联网设备、智能安防系统等技术结合，ChatGPT 可以实现对整个校园环境的监控和管理。例如，ChatGPT 可以接收来自各类传感器的数据，包括温度、湿度、设备状态等，并根据数据自动调整设施的运行模式。

总的来说，ChatGPT 在智能设施管理和信息服务中的应用，正在为教育管理者提供一种全新的管理方式。通过数据驱动和智能化分析，ChatGPT 不仅能够提升运营效率，还能为个性化教育和智慧校园建设提供强有力的支持。

5.2.2 改进食堂运营与营养膳食管理

中小学食堂的运营与管理不仅关乎学生的健康与营养，还直接影响学校的日常运行。借助 ChatGPT，学校食堂的管理模式正从传统的手动操作向智能化、数据驱动转型，从而更好地满足师生的需求并保障食品安全。

(1) 智能采购与库存管理

传统的食堂管理往往面临采购和库存管理的挑战，食材过剩或不足都会导致成

1 付道明，仇星月，张梅，等. 大语言模型支持的泛在学习应用场景及策略研究 [J]. 电化教育研究，2024，45 (10)：65 - 71 + 109.

本增加或影响正常运营。ChatGPT 的出现大大简化了这一过程。通过对历史消费数据的分析，ChatGPT 能够精确预测未来的食材需求，并根据季节性因素、学生人数变化等多维度的数据进行调整。实时库存监控功能有效避免了浪费和短缺，为食堂管理提供强有力的数据支持[1]。

一个具体的应用场景是，在春季学期开始时，ChatGPT 可以预测学生的返校时间以及就餐需求，从而为食堂提供相应的采购建议，避免食材短缺或浪费。管理人员可以询问 ChatGPT："根据过去三年春季学期的就餐数据，我们应该如何调整下学期的食材采购?" ChatGPT 可以提供分析和建议，帮助避免食材短缺或浪费。这种基于数据的决策支持为食堂运营提供了有价值的参考。

(2) 个性化膳食推荐与营养分析

ChatGPT 不仅能够优化食堂的运营，还可以为学生提供个性化的膳食推荐。对菜品营养成分进行深入分析，帮助学生作出更健康的选择，培养良好的饮食习惯[2]。"Sous Chef By ChatGPT" 扮演 "数字副厨师长" 的角色，能够协助食堂团队从食材管理、菜单设计到个性化服务方面进行优化。例如食堂管理人员可以将当天的库存情况录入，通过合理设计提示语获得相应的菜品建议（图 5－5）。

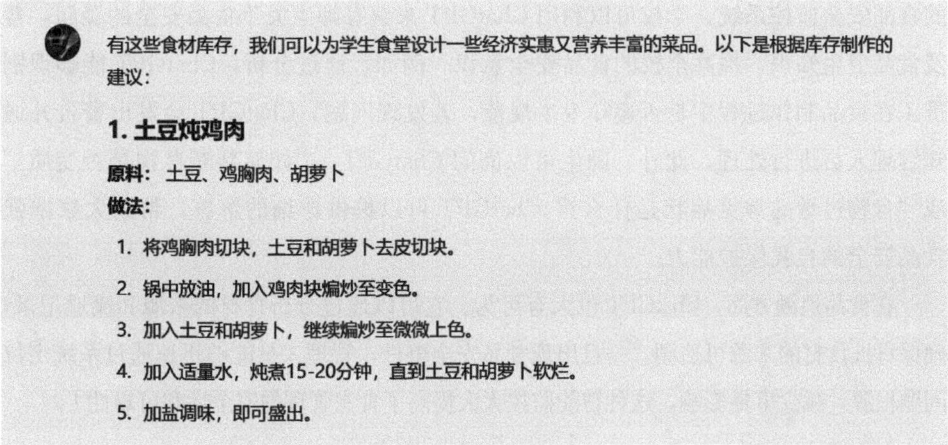
有这些食材库存，我们可以为学生食堂设计一些经济实惠又营养丰富的菜品。以下是根据库存制作的建议：
1. 土豆炖鸡肉
原料：土豆、鸡胸肉、胡萝卜
做法：
1. 将鸡胸肉切块，土豆和胡萝卜去皮切块。
2. 锅中放油，加入鸡肉块煸炒至变色。
3. 加入土豆和胡萝卜，继续煸炒至微微上色。
4. 加入适量水，炖煮15-20分钟，直到土豆和胡萝卜软烂。
5. 加盐调味，即可盛出。

图 5－5　Sous Chef By ChatGPT 工具演示（节选）

1　邸赫炎，韩慧萍. 基于"小程序＋取餐柜"模式的智慧食堂 [J]. 高校后勤研究，2024，(01)：16－19.

2　任宗来，陶李，华杰. 企业智慧后勤食堂采购数据预测与分析模型实施成果 [J]. 企业改革与管理，2024，(04)：35－37.

<角色>你是一位食堂管理专家</角色> <任务>请根据以下库存信息，列出适合学生食堂使用的菜品建议</任务><库存信息>土豆 10 千克，胡萝卜 5 千克，鸡胸肉 8 千克，西红柿 6 千克，鸡蛋 100 个</库存信息>

通过分析学生的饮食习惯、营养需求和健康目标，ChatGPT 可以为他们量身定制菜单。例如，针对需要增加蛋白质摄入的学生，系统可以推荐富含蛋白质的菜品；而对那些有过敏史的学生，ChatGPT 可以避免推荐含有过敏源的食品。这样的个性化服务不仅能帮助学生形成良好的饮食习惯，还可以提高食堂的用户满意度。学生只需向 ChatGPT 询问："我想增加蛋白质的摄入，食堂有哪些菜品推荐?" ChatGPT 就可以根据食堂的菜单，推荐富含蛋白质的菜品。这种互动式的咨询有助于学生作出更健康的选择，培养良好的饮食习惯。

此外，ChatGPT 还能为管理者提供菜品的详细营养分析报告，帮助他们根据国家营养标准优化菜单，确保学生都能获得均衡的营养摄入。这一功能在近年来受到越来越多学校的重视，特别是在关注学生健康和发展的大背景下，个性化的膳食管理显得尤为重要。

(3) 食品安全监控与风险预警

食品安全一直是学校食堂管理的重点。借助 ChatGPT，学校可以建立更加智能的食品安全监控系统。学校可以利用 ChatGPT 来解答师生关于食品安全的疑问，普及食品卫生知识，提高全校的食品安全意识。例如，通过分析，ChatGPT 能够识别员工在食品制作过程中是否遵守卫生规范，若发现问题，ChatGPT 会发出警告并通知管理人员进行处理。此外，师生可以询问 ChatGPT："如何判断食物是否变质?"或"食物过敏的常见症状是什么?" ChatGPT 可以提供详细的解答，帮助大家增强食品安全的自我保护能力。

在食品追溯方面，ChatGPT 也大有可为。它可以通过分析食材的来源和流通记录，确保每批食材的来源可追溯。一旦出现食品安全事件，管理人员能够迅速通过系统定位问题根源，减少事件影响，这种智能监控大大提高了食堂管理的安全性和可靠性[1]。

5.2.3 加强校园安全信息交流与应急意识

校园安全是中小学管理的重中之重。虽然 ChatGPT 无法直接执行安全预警或实

---

1 李赛杰，张晨光. 高校食堂标准化管理体系创新思路分析 [J]. 食品安全导刊，2021 (19)：52 - 54.

时监控，但它作为信息交流和安全教育的工具，可以帮助提高全校师生的安全意识和应对能力，促进校园安全管理的智能化与人性化。

（1）丰富安全知识库，提升师生安全素养

ChatGPT 拥有广泛的知识储备，能够为师生提供各类安全知识的咨询服务。例如，用户可以询问“如何预防网络诈骗”“在校内遇到陌生人搭讪怎么办”等问题。ChatGPT 可以通过生成为特定安全主题量身定制的教育材料和教学计划，来帮助教育工作者开发全面的安全课程。此功能允许创建最新的安全教育相关内容，以应对当前的安全挑战[1]。

教师和管理人员也可以利用 ChatGPT 获取最新的安全管理理念和实践方法。例如，询问“如何有效开展校园安全演练”或“有哪些新的校园安全管理技术值得关注”，ChatGPT 都能提供有价值的参考信息，助力学校提升安全管理水平。

（2）个性化安全教育内容的定制

每个学生的年龄、认知水平和安全需求都不同。ChatGPT 可以通过为学生提供安全相关任务的反馈和指导来支持自我调节学习。这种方法鼓励学生自主学习，养成积极主动的安全态度[2]。对于低年级的学生，系统可以生动的语言和有趣的故事，讲述基本的安全知识；对于高年级的学生，则可以提供更深入的安全技能培训和案例分析。

这种个性化的教育方式可以提高学生的学习兴趣和参与度，确保安全教育的效果。例如，学校可以组织“人机安全知识竞赛”，完成一系列有趣的安全知识问答，培养学生的安全意识。

（3）辅助制定应急预案与演练

ChatGPT 可以协助学校制定和完善应急预案。管理人员可以向 ChatGPT 询问如何针对不同的突发事件（如地震、火灾、极端天气等）制定有效的应急方案。ChatGPT 可以提供一般性的指导原则和建议，帮助学校梳理应急流程，明确各部门的职责分工。

---

1 Peng Z，Tur G. A systematic review of ChatGPT use in K-12 education [J]. European Journal of Education，2023.

2 Ng D T，Tan C，Leung J K. Empowering student self-regulated learning and science education through ChatGPT：A pioneering pilot study [J]. British Journal of Educational Technology，2024，55 (4)：1328 - 1353.

在应急演练的准备阶段，ChatGPT 也可以提供支持。例如，教师可以咨询“如何设计一次有效的火灾逃生演练”，ChatGPT 会提供步骤和注意事项，帮助确保演练的顺利进行。这有助于提高全校对突发事件的应对能力，减少突发事件发生时的混乱和风险。

5.3 决策支持与战略规划的助力

随着外部环境日益复杂，以及教育管理需求多样化，传统的资源分配和预算规划模式已无法应对当前的挑战。借助人工智能，尤其是像 ChatGPT 这样的智能工具，学校管理者能够利用其强大的数据分析和智能预测功能，提升资源分配的科学性、预算规划的精确度，以及决策支持的效率。接下来将详细探讨 ChatGPT 在资源分配、绩效评估和战略规划中的应用，展示其如何为中小学管理者提供数据驱动的智能决策支持。

5.3.1 优化资源分配与预算规划

在学校的可持续发展中，资源分配的有效性和预算规划的精准度如同一体两翼，缺一不可。然而，面对瞬息万变的教育需求和复杂的政策环境，传统的方法往往显得捉襟见肘。生成式人工智能可以通过智能教育资源管理和预测，优化教育资源供需管理，提高优质教育资源使用效益[1]。在这方面，ChatGPT 作为其代表，就像一位智慧的参谋，帮助学校管理者在复杂的环境中找到前进的方向。

(1) 智能化的资源调度与分配

后勤管理涉及众多资源的调度，如人员、设备、车辆、物资等。传统的资源调度方式往往依赖于经验和手工安排，效率低下且容易出现疏漏。借助 ChatGPT 的自然语言处理和数据分析能力，学校可以实现资源调度的智能化。

例如，在校车调度方面，ChatGPT 可以综合学生的居住分布、上学时间、交通状况等数据，生成最优的线路和时间安排，减少车辆空驶和等待时间，节约燃油成本。同时，它还能及时应对突发情况，如道路封闭、天气恶劣等，动态调整调度方案，确保学生安全准时到校。

---

1 任苗苗，孙瑜，季昊瑕. 生成式人工智能嵌入教育治理的基本逻辑和风险防范［J］. 教学与管理，2024（27）：28－33.

(2) 精准的预算规划与成本控制

后勤管理的开支在学校总体预算中占有相当比例。如何有效控制成本、避免浪费，是预算规划的关键。ChatGPT 可以对后勤各项业务的历史数据进行深入分析，识别出成本的主要构成和变化趋势。

例如，在能源管理方面，ChatGPT 可以分析学校的用电、用水、供暖等数据，发现能源消耗的高峰期和异常点。基于此，提出节能措施，如调整空调使用时间、推广节能设备、加强用能监测等。通过精细化管理，降低能源消耗，减少运营成本。

(3) 提升后勤服务质量

资源分配不仅要考虑成本，更要关注服务质量。ChatGPT 可以通过收集和分析师生对后勤服务的反馈，找出存在的问题和改进的方向。这种多维度的综合分析，使决策过程更加全面深入，避免“一叶障目，不见泰山”的局面。

例如，针对食堂餐饮服务，ChatGPT 可以分析学生的用餐评价、就餐人数变化、菜品受欢迎程度等数据，指导食堂优化菜品结构、改进烹饪工艺、调整供应时间，从而提高师生的满意度。

在校园安全方面，ChatGPT 可以协助制定安保人员的值班安排，结合校园事件记录、人员流动规律、重点区域分布等信息，优化安保力量的部署，提升安全防范效果。

(4) 辅助决策与方案优化

后勤管理涉及众多复杂的决策，如是否引入新的管理系统、改造基础设施、外包服务等。ChatGPT 可以模拟不同方案的效果，评估其可行性和收益。

例如，在考虑是否采用智能楼宇管理系统时，系统可以分析投入成本、预期节能效果、维护费用等因素，帮助管理者权衡利弊，作出明智的决策。

同时，ChatGPT 还能提供行业最佳实践和最新技术资讯，帮助学校引入先进的管理理念和手段。例如，了解其他学校在垃圾分类、绿色校园建设方面的成功经验，借鉴并应用到自身的后勤管理中。

案例

Personal Finance and Budgeting Wizard by Jonathon Moore 优化预算规划

“Personal Finance and Budgeting Wizard by Jonathon Moore” 工具能够为后

勤管理团队提供支持，目标是优化后勤运营中的预算分配，并在现有资源中找到节约成本的机会。

(1) 收集当前预算信息和需求

为了优化预算规划，首先需要收集当前后勤预算的具体信息，包括各个项目的预算支出、当前的分配情况、需求列表等。ChatGPT 可以在这一阶段作为数据整理和分析的助手。

提示语设计：

<角色>你是一位专业的预算优化助手</角色> <任务>从后勤团队获取现有预算分配的信息，包括每个项目的预算额度、预计开销以及已知的需求列表。你需要协助整理并确认数据的完整性。</任务> <问题>请描述当前后勤预算的分配情况，并提供各个项目的支出明细。</问题>

(2) 识别资源分配中的潜在问题

在收集到足够的数据后，下一步是识别现有预算中可能存在的分配不当之处。ChatGPT 可以利用这些数据，结合资源使用的优先级，分析出哪些项目可能存在超支或资源浪费的情况。

提示语设计：

<角色>你是一位经验丰富的财务顾问</角色> <任务>评估现有的后勤预算分配，找出可能存在的分配不均、超支风险或资源浪费的情况。</任务> <问题>基于提供的预算和支出明细，识别当前资源分配中的潜在问题，并说明可能的影响。</问题>

(3) 制定优化方案

在识别出问题之后，需要制定相应的优化方案。ChatGPT 可以基于已有的预算信息，结合资源优先级和目标，提出切实可行的资源分配调整建议。

提示语设计：

<角色>你是一位预算规划专家，善于制定节约和优化计划</角色> <任务>基于现有问题，制定优化后的预算分配方案，确保整体资源利用最大化且不影响服务质量。</任务> <建议>请根据各项目的优先级，为每个项目提供预算调整建议，并说明这样调整的好处。</建议>

(4) 与团队沟通预算调整建议

优化方案需要与后勤团队讨论和确认。此时，ChatGPT 可以作为团队之间沟通的辅助工具，帮助形成清晰明了的沟通文档或会议备忘录，确保每个团队成员都能理解调整方案。

提示语设计：

<角色>你是一位会议记录员和团队沟通协调员</角色> <任务>撰写关于预算调整建议的沟通文档，内容包括：调整的原因、调整后的预算方案以及各部门在调整中的具体责任。</任务> <格式>请以简洁清晰的方式撰写，使得每个后勤团队成员都能快速了解调整的要点和影响。</格式>

(5) 监控和持续优化

预算分配优化并非一次性的工作，需要在后续进行监控和调整。ChatGPT 可以帮助团队持续跟踪预算执行情况，识别新的变化需求，并在必要时进行调整。

提示语设计：

<角色>你是一位后勤预算监控助手</角色> <任务>定期检查后勤预算的执行情况，识别与计划不符的支出，并提出相应的应对策略。</任务> <频率>每月进行一次预算评审，并在出现异常时及时汇报。</频率>

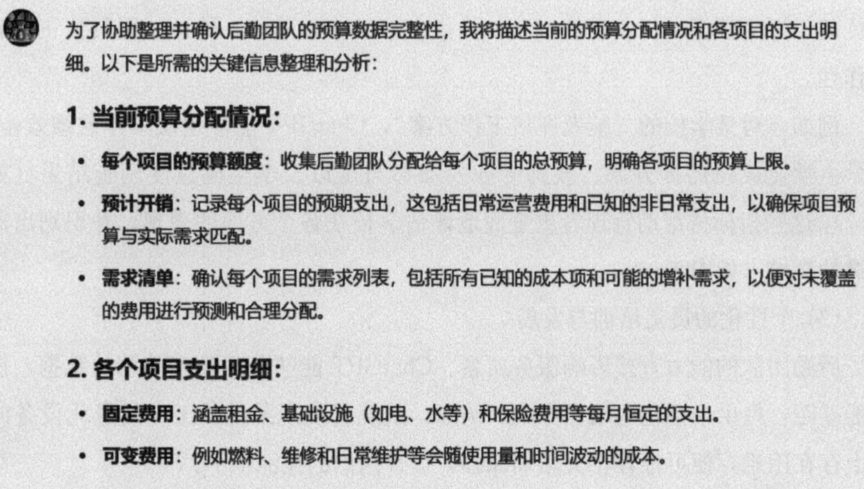

为了协助整理并确认后勤团队的预算数据完整性，我将描述当前的预算分配情况和各项目的支出明细。以下是所需的关键信息整理和分析：

1. 当前预算分配情况：

- **每个项目的预算额度**：收集后勤团队分配给每个项目的总预算，明确各项目的预算上限。
- **预计开销**：记录每个项目的预期支出，这包括日常运营费用和已知的非日常支出，以确保项目预算与实际需求匹配。
- **需求清单**：确认每个项目的需求列表，包括所有已知的成本项和可能的增补需求，以便对未覆盖的费用进行预测和合理分配。

2. 各个项目支出明细：

- **固定费用**：涵盖租金、基础设施（如电、水等）和保险费用等每月恒定的支出。
- **可变费用**：例如燃料、维修和日常维护等会随使用量和时间波动的成本。

图 5-6 Personal Finance and Budgeting Wizard by Jonathon Moore 工具演示（节选）

5.3.2 助力绩效评估与持续改进

绩效评估是提升学校运营效率、实现持续改进的重要环节。传统的绩效评估方法大多依赖于手动数据整理和主观判断，容易产生偏差。借助 ChatGPT 的大数据分析和自动化处理能力，学校可以建立更加科学、全面的绩效评估体系，从而为持续改进提供坚实的基础。

(1) 全面的数据采集与分析

生成式人工智能通过智能数据采集和自动内容生成，可以促使由以往数据封闭下的经验决策转向数据驱动的科学决策[1]。ChatGPT 具备强大的自然语言处理和数据分析能力，能够从多种渠道获取并整合信息。例如，它可以收集学生、教师和家长对后勤服务的反馈，分析投诉和建议的内容，从而识别出管理中的薄弱环节。

通过对大量数据的深入挖掘，ChatGPT 能够发现隐藏的模式和趋势。例如，某段时间食堂满意度下降，可能与菜品种类单一或就餐环境不佳有关。ChatGPT 将这些洞察呈现给管理者，帮助他们迅速采取改进措施，提高服务质量。

(2) 科学的绩效指标制定

制定客观、可量化的绩效指标是评估的基础。ChatGPT 可以协助管理者设计符合学校实际情况的绩效评估体系，涵盖服务质量、响应速度、成本控制等多个维度。系统基于历史数据和行业最佳实践，提供合理的指标建议，使评估更具公正性和可操作性。

例如，对某学校的“绩效评估工作方案”，ChatGPT 能够建议具体的绩效指标，如学生学业成绩的提升率、教师专业发展参与度以及学生满意度调查结果（如图 5－7）。这些指标将帮助管理者更全面地评估学校在各个方面的表现，并识别出需要改进的领域（如图 5－8）。

(3) 个性化的员工培训与发展

后勤团队的能力直接影响服务质量。ChatGPT 能够分析员工的绩效数据，识别技能差距，提供个性化的培训方案。例如，系统若发现某些员工在信息化设备的使用上存在困难，便可推荐相关培训课程，提升他们的技能水平。

---

1 任苗苗，孙瑜，季昊瑕. 生成式人工智能嵌入教育治理的基本逻辑和风险防范 [J]. 教学与管理，2024（27）：28－33.

以下是针对学校绩效评估的具体指标建议，这些指标可以帮助管理者全面评估学校的表现，并识别出改进领域：

1. 学生学业成绩提升率

- **定义**：衡量学生在各学科的成绩变化情况，通常以学期或学年的考试成绩为依据。
- **计算方法**：比较学生在两次标准化考试或期末考试中的平均成绩，计算提升率。

2. 教师专业发展参与度

- **定义**：衡量教师参加培训、进修和专业发展活动的频率和质量。
- **计算方法**：统计教师参加的各类专业培训（如研讨会、课程培训）的小时数及其所获得的证书数量。

3. 学生满意度调查结果

- **定义**：通过问卷调查收集学生对课程设置、教学质量、校园环境等方面的反馈。
- **计算方法**：使用Likert量表（例如1-5分）对不同方面进行评分，计算平均分，形成满意度报告。

图 5－7　ChatGPT 优化《绩效评估方案》具体指标建议（节选）

此外，ChatGPT 还能为员工提供即时的知识支持。当员工遇到问题时，可以自主获取解决方案或操作指南，提升工作效率。这种持续的学习与发展机制，有助于打造一支高素质的后勤队伍。

（4）智能化的改进建议与实施

绩效评估的最终目的是促进持续改进。ChatGPT 不仅能指出问题，还能基于数据和模型提供改进建议。例如，针对设备维护效率低的问题，系统可能建议优化维护流程、增加定期检查频率或引入先进的维护工具。

在实施改进措施的过程中，ChatGPT 还可以跟踪进展，评估效果。通过持续的数据反馈，管理者可以了解改进是否达到预期目标，是否需要进一步调整。如此便

二、改进建议

1. **增强反馈与改进机制**：
    - **实施反馈会议**：评估后组织各学校参与反馈会议，分享评估结果和改进建议，促进学校间的经验交流。
    - **个性化评估报告**：为每所学校提供详细的评估报告，包括优劣势分析和针对性改进建议，帮助学校制定具体的提升计划。
2. **重视家长和学生的声音**：
    - **增设访谈环节**：在教育满意度测评中，邀请部分学生和家长参与访谈，获取更深层次的反馈，丰富评估信息。
    - **搭建反馈渠道**：建立线上平台，鼓励家长和学生匿名提交意见和建议，以增强评估的客观性。
3. **优化评估指标**：
    - **引入质性指标**：在发展性指标中增加社会实践、创新能力和道德品质等方面的评价，确保评估全面反映学校的育人效果。
    - **分层次指标设置**：针对不同类型的学校，制定具体且具有针对性的评估指标，以增强评估的公平性和有效性。

图 5－8　ChatGPT 优化“绩效评估方案”改进建议（节选）

形成一个闭环的改进流程，推动后勤管理水平不断提升。

5.3.3　提升战略规划与场景分析

在瞬息万变的教育环境中，学校管理者面临层出不穷的挑战和机遇。ChatGPT 为我们提供了强大的工具，显著提升学校的战略规划和场景分析能力。这些先进工具不仅帮助管理者制定更明智的长期决策，还为各种可能出现的未来情境做好了充分准备。

（1）场景分析与前瞻性规划

战略规划不仅需要明确当前的资源配置和目标，更需要对未来可能发生的变化进行预见。大模型所呈现的“类人”行为及其背后的复杂算法机制，能够通过数据处理模拟复杂的决策过程，从而为教育管理中的战略规划提供支持[1]。

1　潘香霖，褚乐阳，陈向东. 窥探机器之窍：机器心理学视角下的大模型教育应用［J］. 远程教育杂志，2023，41（06）：52－61.

ChatGPT 为管理者提供前瞻性的分析工具，通过输入不同的假设和变量，管理者可以模拟学校在各种情境下的发展轨迹。

例如，ChatGPT 可以模拟在不同生源增长率、财政预算变化、政策调整等条件下，学校未来五年的运营状况。这样，管理者就能够制定更具弹性和适应性的战略规划，确保学校在各种情况下都能稳步发展。

这种场景分析能力，使学校能够提前应对潜在的挑战和机遇。例如，如果预测到未来生源可能减少，学校可以提前制定招生策略、拓展新的教育项目，甚至寻求国际合作，以吸引更多学生。相反，如果预测到生源大幅增加，学校可以提前规划师资招聘、扩建教学设施，确保教学质量不受影响。

(2) 多方协同与民主化决策

在战略规划和实施过程中，广泛听取各方意见至关重要。ChatGPT 能够模拟促进管理者、教师、家长和学生之间的结构化讨论。各利益相关者可以虚拟形象在平台上表达观点，提出建议，参与决策过程，从而实现民主化的决策。通过 ChatGPT，管理者可以输入拟实施的政策细节，它将模拟其对学生成绩、教师工作量、家长满意度以及学校运营的影响。同时，ChatGPT 支持各方参与讨论，收集多方反馈，帮助管理者全面了解政策可能带来的影响。

例如，一所小学计划推出课后辅导计划，旨在提高学生的学习成绩。ChatGPT 通过模拟，预测了该计划可能带来的效果，包括学生成绩提升的幅度、家长对辅导质量的反馈、教师工作负荷的变化，以及对学校预算的影响。

这种多方协同与民主化决策的方式，不仅增强了战略的可行性，还提高了各方对决策的认同度和执行力。通过充分利用 ChatGPT 的功能，学校管理者能够更全面地考虑各方利益，制定出更贴近实际、更具操作性的方案，实现教育质量和管理水平的双提升。

(3) 应对不确定性的灵活策略

现代教育环境充满了不确定性，如政策变动、科技进步、社会需求变化等。基于生成式人工智能技术的教育数字化转型，能够通过广泛的证据收集和智能工具应用，为教育领域的战略规划与实践推进提供重要的决策支持[1]。ChatGPT 的场景分析功能，帮助学校管理者在不确定性中找到方向。通过模拟各种可能的情境，管理

1 陈向东，褚乐阳，王浩，等. 教育数字化转型的技术预见：基于 AIGC 的行动框架 [J]. 远程教育杂志，2023，41 (02)：13－24.

者可以制定灵活的策略和应急预案，增强学校的抗风险能力。

例如，面对突发的公共卫生事件，ChatGPT 可以帮助学校模拟在线教学的实施方案，评估其对教学质量、学生参与度、技术支持等方面的影响，确保在特殊情况下教学活动的连续性。

第 6 章

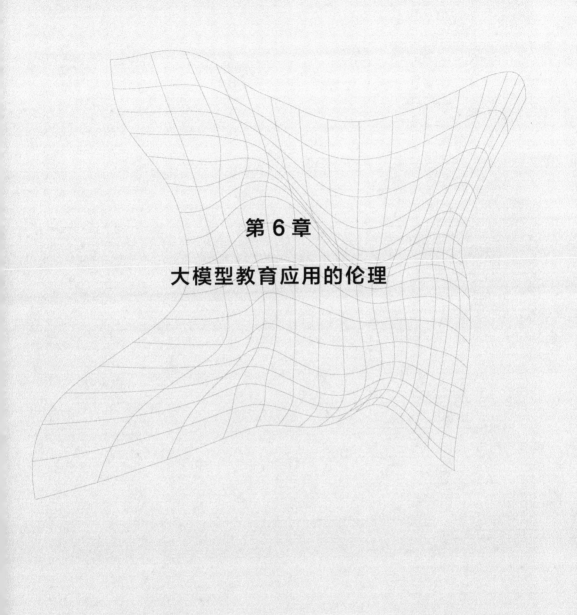

大模型教育应用的伦理

随着 ChatGPT 等生成式人工智能工具在中小学管理中的广泛应用，其带来的技术便利和效率提升毋庸置疑。然而，随之而来的伦理问题和应用边界也不容忽视。在教育场景中，数据隐私、安全、算法偏见，以及教师职业伦理责任和学生伦理教育等问题显得尤为重要。管理者不仅要关注如何有效使用这些工具，还需保证其应用符合道德规范和法律要求，保障师生的权益和信息安全。本章将通过具体案例和操作指南，探讨 ChatGPT 在中小学管理中的伦理问题，帮助管理者在创新与伦理之间找到平衡。

6.1 数据隐私与信息安全防范

在中小学管理工作中，ChatGPT 等人工智能工具的引入确实带来了诸多效率提升和智能化的管理方式，然而，数据隐私与安全问题始终是该技术在教育领域应用的关键挑战之一。管理者必须认识到，在使用这些工具处理学生、教师以及家长信息的过程中，确保数据安全是至关重要的。尤其是在涉及敏感数据的收集、存储和分析时，若操作不当，可能会对个人隐私权造成严重的侵害。因此，本节将围绕数据隐私与安全问题展开，提出具体的应对措施，并通过真实案例为学校管理者提供可操作的指南。

6.1.1 学生、教师与家长数据的安全管理

随着 ChatGPT 等工具在学校日常管理和教学中的广泛应用，学生、教师和家长的个人数据越来越多地被使用于自动化分析、评估和管理系统。这类数据往往涉及学生的成绩、健康状况、行为记录、家庭背景等高度敏感的信息。一旦这些数据泄露或被不当使用，不仅会损害相关人员的隐私权，还可能导致法律纠纷。管理者需要关注的是：如何在确保数据使用便利性的同时，保障数据的安全性？

ChatGPT 等生成式 AI 工具通过分析大量文本数据提供智能化建议，但在使用过程中，需不断读取和处理与个人相关的敏感信息。这些信息一旦处理不当，便可能被外部攻击者利用，或因模型的不透明性而导致数据被误用。使用这些工具辅助处理数据时，若没有妥善的安全措施，可能导致个人隐私的泄露。据报道，曾有用户反馈其与 ChatGPT 的对话内容在系统异常时可能被其他用户看到。这样的隐私风险在教育场景中可能更为严重，因为学生和家长可能缺乏去了解这些数据如何被收集和使用的意识。国际教育技术协会（ISTE）和课程监督与发展协会（ASCD）等组织合作编写了《将 AI 带到学校：面向学校管理者的建议》，要求学校管理者必须在使用 ChatGPT 等工具时，仔细考虑数据隐私和道德方面的问题[1]。

中小学管理者在 AI 应用中的角色不仅是使用者，还是数据隐私的监管者。依据欧盟《通用数据保护条例》(General Data Protection Regulation，简称 GDPR)，管理者需确保数据处理符合最小化原则，即仅收集应用所需的最小量数据，并对数据用途、存储时间进行严格管理[2]。类似的隐私保护原则对大模型（LLM）在学校的使用提出了更高要求，而现行的技术和管理能力难以完全匹配这些要求。管理者首先需要识别数据收集的来源，并确保数据在存储和传输过程中采用加密技术。此外，还应设立清晰的权限管理机制，确保只有经过授权的人员才能够访问这些数据。在英国的一些中小学，学校通过专门定制的数据隐私保护策略，确保 ChatGPT 在教育管理中的应用安全无虞。

教育领导者应当培养教师和学生的数据保护意识，确保所有使用 ChatGPT 的人员具备数据保护的基本技能和责任意识。（1）每所学校在使用 ChatGPT 等工具时，首先需要在遵循《中华人民共和国个人信息保护法》等法律的基础上，建立全面的隐私保护政策，确保涉及的所有敏感信息都得到适当保护，可以参考欧盟《通用数据保护条例》（GDPR）中明确规定的数据最小化、目的限定和透明性等原则。（2）建立清晰的权限管理系统，只有经过授权的管理者和教师才能够访问和操作相

1 International Society for Technology in Education. Bringing AI to School：Tips for School Leaders [EB/OL]. Alexandria：ISTE，2023 [2024 - 09 - 29]. https://cdn. iste. org/www-root/2023-07/Bringing _ AI _ to _ School-2023 _ 07. pdf.

2 GDPR G D P R. General data protection regulation [J]. Regulation (EU) 2016/679 of the European Parliament and of the Council of 27 April 2016 on the protection of natural persons with regard to the processing of personal data and on the free movement of such data，and repealing Directive 95/46/EC，2016.

关数据。特别是对学生的成绩、健康状况等敏感信息，需要严格控制访问范围。(3) 为防止数据泄露或损毁，所有处理过程中的数据应进行加密处理，并定期进行数据备份，确保在出现系统问题或安全漏洞时能够迅速恢复数据。(4) 建立实时的审计和监控机制，定期检查 ChatGPT 的使用情况，防止数据被不当调用或存储；定期向家长和学生公布数据使用的相关信息，确保他们了解学校对数据隐私保护的承诺。

6.1.2 学校管理系统中的数据透明度

大模型作为一个复杂的“黑箱”模型，我们很难准确理解模型内部的运作机制，其处理和分析数据的方式难以被管理者完全掌握。缺乏数据透明度会在数据使用中导致信息不对称，令学校在隐私保护方面承担更大的风险，甚至会损害学生和家长对学校的信任。许多学校管理者在使用该技术时，可能并不清楚该系统是如何处理、存储和使用其输入的数据的，这会导致数据滥用的风险加大。特别是当管理者依赖 ChatGPT 进行关键决策时，若不能了解数据处理背后的逻辑和算法，可能会导致不公平的决策或结果。根据麻省理工学院的研究，教育管理者在使用 AI 工具时，必须时刻保持对数据使用情况的透明化管理。

此外，大模型内部的“黑箱”特性也为教育应用带来了一些额外的版权问题。简单来说，当我们给模型输入一些信息后，它会根据这些信息生成内容，用户通常认为自己对这些生成的内容拥有版权。然而，如果模型在没有用户输入的情况下自己生成内容，或者用户提供的信息非常少，要确定这段内容的所有权就变得很复杂。过去，一些小型语言模型是基于特定来源的数据进行训练的，所以我们能比较容易找到这些数据的出处。但像 ChatGPT 这样的大模型是从互联网上大量的数据中学习的，这让我们几乎无法追踪到每段生成内容的来源。这意味着，在使用 LLM 时，学校管理者需要特别注意内容的合法性和版权问题，确保遵循相关法规和学术规范，以避免抄袭和侵权的风险。对于教育管理者来说，理解这一点非常重要，以便在使用这些工具时能够作出明智的决策。

为确保数据透明度和家长信任，中小学在数据透明度方面可以在以下几方面进行探索和尝试。(1) 在学校引入 ChatGPT 前，向家长和师生提供一份详细的“数据隐私声明”，明确说明数据的使用范围和具体目的，包括哪些数据将被收集、如何保护、何时删除、使用的 AI 平台及隐私保护措施等信息。(2) 定期向家长和学生展示数据隐私报告，公布学校在数据隐私保护方面的具体措施，增进家长对学校数据处理的理解。例如，每学期召开一次家校数据安全说明会，介绍学校的 ChatGPT 使用情况和数据保护措施，解答家长对数据隐私的疑问。（3）在收集学生和家长的个人信息前，应获得家长的知情同意。中小学管理者可以设置线上或线下的同意程序，在家长签署同意书后方可进行数据收集或传输。此外，应在数据传输前定期提醒家长并获取其最新的同意。

6.2 偏见与公平性的伦理思考

在教育领域，特别是中小学管理中，偏见与公平性是 ChatGPT 应用中极为重要的伦理议题。偏见通常会影响学生的公正评价，导致资源分配不均，甚至加剧社会上的不公平现象。尤其是在学生评价、学习资源的分配等重要场景中，若管理者不加以有效控制，很可能会出现对某些群体的偏见，从而导致不公平的教育实践。因此，本节将探讨如何避免大模型中的偏见问题，确保教育的公平性，并提供实际案例和可操作的指南。

6.2.1 避免学生评价中的算法偏见

在中小学日常管理中，管理者会利用数据系统对学生进行评价和管理。然而，当引入 ChatGPT 等工具用于支持评估时，模型可能因训练数据的局限性或数据偏差，导致对某些特定学生群体的偏见。这种偏见会在学生的学业表现、行为表现等方面体现出来，从而影响对学生的客观评价。ChatGPT 等工具的输出会受到其底层模型的数据来源和算法的影响，可能对一些少数族裔、低收入家庭学生产生负面评价。例如，评价模型可能因学生的表达方式、性别或文化背景而产生不同的结果，这可能使学生承受不公平的负面评价。《将 AI 带到学校：面向学校管理者的建议》指出，通过制定负责任的人工智能使用框架，学校可以减轻与有偏见的数据集和不透明的算法决策相关的风险[1]。

大模型生成具有歧视、仇恨和排斥等方面的错误文本已被多次报道。研究者通

1 International Society for Technology in Education. Bringing AI to School: Tips for School Leaders [EB/OL]. Alexandria: ISTE, 2023 [2024 - 09 - 29]. https://cdn.iste.org/www-root/2023-07/Bringing_AI_to_School-2023_07.pdf.

过使用霍夫斯泰德文化调查问卷，探讨了 ChatGPT 在不同文化背景下的表现，并发现其生成的内容与美国文化高度一致，但在适应其他文化背景时效果较差，这表明英语提示通常会削弱文化差异，偏向美国文化[1]。这项研究揭示了 ChatGPT 在多语言、多文化语境下的潜在偏见，以及如何通过不同语言提示对模型的文化响应进行校正。有研究者发现 GPT-3 也会展示性别偏见——认为女性角色相较于男性更适合家政类型的工作，于是研究者致力于消除自然语言处理系统中的性别偏见，结果证明去偏措施可以显著减少性别偏见，但有些去偏效果仅是表面性的，无法完全消除模型的内在性别偏见。而对于学生评价和教师评价等场景，若 AI 工具存在性别偏见，会对评价的公平性造成影响。该研究中的性别去偏方法和数据处理技术可以为中小学管理者提供操作参考，如在学生管理系统中定期检测和去除性别偏见，确保评价的公平性[2]。

偏见问题在 ChatGPT 使用过程中普遍存在，管理者应通过多元化的数据输入、透明化的评价流程和人工校验等多种措施来减少偏见带来的影响。(1) 管理者在使用 ChatGPT 进行学生评价时，必须确保输入的数据来源多样化，避免单一数据源的偏见影响。数据源可以包括学生的作业成绩、课堂表现、教师评价等。(2) 确保学生和家长了解算法的工作原理、评价标准和数据来源，并对评价结果有知情权和申诉权。可以每学期召开一次家长会，向家长介绍数据的使用情况和隐私保护措施。(3) 定期进行算法偏见检测。可以考虑与外部专家或公平性审计机构合作，评估模型中的潜在偏见，并在必要时进行校准，以确保模型对所有学生公平。

6.2.2 公平的资源分配与决策支持

在教育资源分配过程中，AI 系统可以帮助学校管理者更高效地进行决策，包括对教学资源、奖学金、学习辅助工具等的分配。然而，如果系统的训练数据中存在历史上的不公平分配，AI 可能会延续甚至加剧这些问题。例如，AI 工具可能会优先将资源分配给学术表现优异的学生，而忽视有潜力但资源匮乏的学生。

这种问题特别体现在教育资源有限的学校中，容易导致原本处于弱势的学生进

1 Cao Y, Zhou L, Lee S, et al. Assessing cross-cultural alignment between ChatGPT and human societies: An empirical study [J]. arXiv preprint arXiv: 2303.17466, 2023.

2 Orgad H, Goldfarb-Tarrant S, Belinkov Y. How gender debiasing affects internal model representations, and why it matters [J]. arXiv preprint arXiv: 2204.06827, 2022.

一步被边缘化。在一些地区，资源分配算法并没有考虑到所有学生的实际需求，导致贫困家庭、农村或少数民族学生的机会被剥夺。来自美国斯坦福大学和布鲁金斯学会等机构的报告中记录的多个案例展示了由于训练数据中固有的偏见，导致学生被不公平地分类，并可能被排除在高级机会之外。例如，在美国威斯康星州的辍学预警系统（Dropout Early Warning System，DEWS）中，该模型将大量黑人和低收入家庭学生标记为无法按时毕业的“高风险”。这主要是由于纳入了纪律记录和出勤率等历史数据，而这些数据往往包含种族和社会经济偏见。因此，这些“高风险”标签影响了学生获取资源的机会，并可能强化教育工作者的权力。在教育工作者和社会研究者的共同推动下，威斯康星州对 DEWS 系统进行了修正，引入更多维度的评估指标，并加强了教师和校务人员的干预。在调整后的系统中，更多的权重被赋予学生的潜力和需求，而不是仅仅依据过去的表现。此外，该系统还增加了定期审查和监测系统输出的机制，以防止算法偏见的进一步加剧。[1]

另一方面，通过个性化 AI 学习也有可能支持弱势学生群体享受公平的教育。美国匹兹堡公立学校的“Ready to Learn”课后计划开发了一种个性化学习 AI 系统，将 AI 辅导与人类导师相结合，根据学生的表现调整数学内容的难度，从而提供个性化的学习支持。结果表明，参与该项目的学生在标准化数学评估中的成绩提升了接近两倍，尤其是少数族裔和低收入家庭的学生表现尤为显著。这说明 AI 在教育中有潜力帮助来自弱势背景的学生，特别是在满足不同学生的个性化需求方面。[2]

在教育资源分配中，合理运用 ChatGPT 可以帮助学校更高效地满足学生的多样化需求，但为确保公平性，管理者需谨慎操作，避免偏见和历史数据中不公平因素的延续。（1）学校管理者在使用 ChatGPT 进行资源分配时，应考虑多维度的学生评估标准，包括学术潜力、家庭背景、学习需求等，而不仅仅依赖于历史数据如成绩、纪律记录等。通过引入全面的评估标准，可以避免历史偏见的延续。（2）定期对 ChatGPT 的决策进行审查，确保其资源分配没有偏离公平原则。可以引入教师、管理者和教育专家的意见，监控资源分配是否符合学生的实际需求，特别是对贫困、

---

1 Feathers T. False Alarm：How Wisconsin Uses Race and Income to Label Students “High Risk” [J]. The Markup，2023 - 04 - 27.

2 Chine D R，Brentley C，Thomas-Browne C，et al. Educational equity through combined human-AI personalization：A propensity matching evaluation [C] //International Conference on Artificial Intelligence in Education. Cham：Springer International Publishing，2022：366 - 377.

少数民族或农村学生的支持情况。（3）学校管理者应将 AI 系统与教师干预相结合，尤其是在资源分配和学业支持上。通过人机协作的方式，可以更好地照顾学生个体需求，防止 AI 决策中的偏见影响学生的机会获取。

6.3 教师职业伦理与责任规范

随着 ChatGPT 等人工智能工具的引入，教师的角色和工作方式发生了显著变化，同时也带来新的伦理挑战，如教师角色的不可替代性、生成内容的合法性以及 AI 对教学辅助的边界管理等问题。教师在使用 ChatGPT 时需要严格遵守职业伦理和责任。为了保障 AI 技术在教育中的合理应用，中小学管理者需关注这些伦理问题，并提供相应的指导措施和案例支持，帮助教师在使用 AI 的同时保持专业操守和责任感。

6.3.1 教师角色的不可替代性

在引入 ChatGPT 等 AI 工具后，许多教师发现学生更倾向于依赖 AI 来快速获取答案，这在一定程度上削弱了课堂上教师的角色地位，使教师的教学指导和互动逐渐被"边缘化"。教育中的教师角色不应被完全替代，因教师在情感沟通、价值引导和个性化培养方面具有不可替代性。因此，中小学管理者需谨慎规划 ChatGPT 在教育中的应用，保持教师的主导地位。

美国纽约市的公立学校系统曾因担忧 AI 对学生自主学习能力的负面影响，对 ChatGPT 这样的大模型应用也是率先采取暂时封禁的保守政策[1]。然而在教育主管部门与教师协商后，解封了 ChatGPT，同时提供了资源和工具包，以支持教师有效地将人工智能融入他们的教学实践中。教育局鼓励教师使用人工智能来激发批判性思维，让学生分析和评估人工智能生成的内容，而不是仅仅依靠人工智能来获得答案。一些学校逐步探索如何在保留教师主导性的同时合理应用 ChatGPT。这些教师在实际教学中鼓励学生分析 AI 生成回答的准确性与逻辑性，让学生在与 AI 互动的过程中加强思辨能力。教师设置若干开放性讨论题，学生使用 ChatGPT 提供的背景信息，通过课堂讨论、教师反馈等环节进行深化学习。此举不仅增强了课堂互动，

---

1 Nolan B. Here are the schools and colleges that have banned the use of ChatGPT over plagiarism and misinformation fears [J]. Business Insider，2023，30.

也确保了教师在教学过程中的关键作用。

为确保教师在AI辅助教学中的核心地位，学校管理者应采取措施引导教师正确定位AI的角色，使其成为课堂教学的辅助工具，而非主导力量。(1) 学校应明确规定ChatGPT等AI工具在课堂中的使用场景，例如只作为信息查询和问题探索的工具，而非直接用于完成作业或考核。教师的决策力、伦理意识和情感支持，AI难以替代。(2) 教师应利用AI技术提供的辅助信息，通过讨论和引导，提升学生的理解能力；在课堂设计上，教师可增设小组讨论、角色扮演等活动，将ChatGPT的回答作为讨论材料，激发学生的自主思考能力和表达能力。(3) 学校可以提供资源，如案例分析、使用示范、定期培训等，帮助教师更好地理解和运用AI工具。通过在教师群体中分享AI使用经验，让教师互相学习如何在课堂上合理引导学生使用ChatGPT，保持教师在课堂中的主导地位。

6.3.2 生成内容的合法性与学术规范

ChatGPT带来了教育行业的重大变革，尤其是在自动化任务管理和内容生成方面。它生成的内容在教学备课、素材搜集等方面提供了很大的便利，但涉及内容合法性、版权与学术规范的问题。由于ChatGPT生成的内容源于海量开放数据，无法追溯具体来源，这可能导致知识产权问题。此外，教师需要确保所使用的资源符合学术规范，避免抄袭风险。如何规范AI生成内容的使用，是学校管理者需高度关注的问题。

由于ChatGPT在教育领域的应用相对新颖，中小学教师在实际使用中往往缺乏足够的培训和指导，可能面临误用或不当使用AI工具的风险。美国纽约市公立教育系统的全民计算机科学（CS4ALL）倡议，为教师和教育行政人员提供计算机科学方面的专业学习和技术支持，帮助教育工作者和学生在生成式AI的使用上具备良好的数字素养[1]。CS4ALL的相关资源和现实案例，能够为教师在教学中使用生成式AI提供有价值的实践指引，有助于学生发展批判性思维，评估信息的可靠性和有效性。学校管理者可以参考CS4ALL倡议的经验，为教师和学生提供关于AI工具使用的案例资源，并通过数字素养课程，提升学生在使用ChatGPT等工具时的独立判断能力与责任意识。该项目还注重帮助教育工作者和学生发展评估AI生成信息的能

---

1 New York City Department of Education. The Computer Science for All (CS4ALL) initiative [EB/OL]. [2024－10－11]. https://www.cs4all.nyc/.

力，以便他们能够在日常教学任务、管理以及学习中有效地应用这些工具。

AI生成内容被署名为科研论文“作者”一事在学术界引起广泛争议。2022年，生成式人工智能曾被列为某篇论文的“作者”[1]，引发学术界对AI署名问题的思考。学术界对AI工具的讨论主要集中在其“协助”角色上，而非“独立”或“署名”角色。学术出版机构迅速采取措施，强调AI在生成内容上无法承担作者的应有责任，并要求在使用AI生成内容时必须清晰披露应用情况，但不可将其列为署名者。一些学术期刊确实提出了AI生成内容的使用规范，但明确禁止将AI工具列为“作者”。例如，知名期刊*Nature*在2023年发布一项声明，禁止将AI工具列为论文作者[2]。声明指出，AI虽然能够协助内容生成和数据分析，但其无法承担作者应有的责任，包括解释和确保内容的准确性、数据的真实性等。类似地，许多国际出版机构都在逐步明确AI生成内容的使用规定，并强调在使用AI生成内容时要明确披露其应用情况，但不得将其作为论文作者署名。

为确保教师在使用ChatGPT等AI工具生成内容时合法合规，学校管理者应通过以下措施进行规范管理：（1）教师在使用AI生成的内容前，需核查出处，并仅在得到许可的情况下引用，不得将版权不清的内容直接应用于正式教学资料；（2）学校可以提供相关培训，让教师了解内容合法性与学术规范的基本要求，对于AI生成的内容，教师需自行核查，确保符合学术规范；（3）学校可以对生成内容的应用设立审核机制，确保内容的合法性，在公开分享或用于正式教学的内容时，教师需进行多重核查。

6.4 学生权益保护与伦理教育

在中小学教育中，学生是教育活动的核心主体，保障学生权益与健康成长是学校管理者的核心责任。随着ChatGPT的广泛应用，生成式人工智能工具在提升教育效率的同时，也可能带来对学生学习自主性和伦理意识方面的挑战。如何确保这些工具在帮助学生成长的同时，不侵害学生的权利和自主性，是学校管理者必须面对

1 Transformer C G P, Zhavoronkov A. Rapamycin in the context of Pascal's Wager: generative pre-trained transformer perspective [J]. Oncoscience, 2022, 9: 82.

2 Sample I. Science journals ban listing of ChatGPT as co-author on papers [J]. The Guardian, 2023, 26.

的重要伦理问题。本节将围绕学生技术依赖与自主性、青少年伦理意识培养等话题展开，提供具体的案例分析与操作指南。

6.4.1 学生成长过程中的自主性与技术依赖

ChatGPT 等 AI 技术的广泛应用在帮助学生自主学习的同时，也带来了技术依赖的风险。中小学阶段的学生处于自我意识与自主学习能力发展的关键期，过度依赖 AI 技术可能削弱他们的思考能力，降低面对问题时的独立性，并逐渐形成“技术替代”的依赖心理。学校管理者需要考虑如何在利用 AI 辅助学习的同时，避免学生在学习过程中产生过度依赖。

AI 对话系统在提供快速反馈和即时答案方面具有极大优势，但它也可能抑制学生的独立思考和批判性思维能力。研究者系统地研究了学生对 ChatGPT 等人工智能工具依赖的影响，发现过度依赖会削弱批判性思维、分析能力和决策能力[1]。特别是在解题和复杂问题分析过程中，学生一旦习惯于直接获取 AI 提供的答案，便可能减少自主推理和多角度思考。这种对 ChatGPT 的依赖，长期来看会降低学生的独立判断力与问题解决能力，使其更倾向于接受现成答案，而非进行深入分析和探索。同时，生成内容的“幻觉”现象，即系统提供错误或不准确的信息，会进一步对学生的判断力和辨别力产生负面影响。为避免这些不良后果，学校在引入助学工具时应设计合理的使用规范。比如，可规定学生在使用 ChatGPT 等类似工具解题前应尝试独立思考和初步分析，或要求学生在获取答案后反思其生成的解题步骤，提出自己的见解。这种人机协作模式不仅有助于学生获得有效的技术支持，同时也保持了其自主学习的核心能力。这一策略既能发挥生成式 AI 工具的优势，也能确保学生在学习过程中保持认知发展的平衡。

为了解决学生独立学习能力弱化的问题，很多研究者开始探索新的解决办法。根邦·巴斯科罗（Gembong Baskoro）等人的研究以 Z 世代学生为例，发现他们在依赖 AI 学习过程中，容易出现仅关注结论、忽视过程的倾向。这种倾向抑制了他们探索性学习的积极性，使得学生在学习过程中习惯于追求“快捷答案”而非主动思辨。为应对这一问题，研究者提出在教学中应用“7E 学习周期”与同伴教学相结合的方法。7E 模型的前端阶段专注于知识探究（engage，explore），后端则强调知识验证

---

1 Zhai C，Wibowo S，Li L D. The effects of over-reliance on AI dialogue systems on students' cognitive abilities：a systematic review [J]. Smart Learning Environments，2024，11（1）：28.

(evaluate, extend)。具体而言，学生在学习过程中仅在后端阶段使用 AI 验证已得出的结论，而非在问题初期求助，从而增强独立思考能力和知识的自主构建。[1] 这种结合 AI 和同伴协作的教学方法在教育实践中取得了积极效果，帮助学生在借助其进行学习的同时保持批判性思维的发展。学校可以参考这一策略，通过设定规则，使学生在寻求 AI 解答前先进行个人或小组探讨，并在总结过程中应用 AI 进行验证。此方法不仅能充分发挥生成式 AI 的优势，也在一定程度上减少了学生在学习过程中的技术依赖。

为确保学生在使用生成式 AI 助学系统时既能获得支持，又不至于产生依赖心理，学校管理者可以通过合理规范这类工具的使用方式，保障学生自主学习和思考能力的健康发展。(1) 学校应当制定明确的生成式 AI 工具使用规则，规定学生在解题前需尝试独立思考，并限制使用次数。例如，每周限定使用这类工具的频率，促使学生在遇到困难时先进行分析和推理，避免将依赖 AI 作为第一反应。(2) 在学生使用生成式 AI 工具获得解答后，要求他们对其解题过程进行反思，撰写总结或与同伴讨论。此举不仅能帮助学生更深入理解所学内容，也能培养批判性思维和独立判断能力。(3) 采用"7E 学习周期"等策略，鼓励学生在问题解决的前期通过独立探讨或同伴合作进行分析，将它用于知识验证阶段，而非在初期使用。同时，可引导学生优先使用国内大模型，以增强对本土技术的了解和支持。(4) 定期与家长沟通，汇报学生的 AI 使用情况及学习进度，确保家长和教师共同监督，防止学生过度依赖技术。同时，引导家长在家庭作业中适度限制学生对类似工具的使用，鼓励更多自主解决问题的机会。

6.4.2 青少年伦理意识的培养

随着生成式 AI 在校园中的广泛应用，学生越来越多地接触到 AI 工具，但他们对 AI 的认知主要停留在使用层面，对背后的伦理问题缺乏深刻理解。学校在普及相关工具的同时，应当帮助学生认识 AI 的局限性与潜在风险，增强他们对 AI 应用的责任感与伦理意识。这种教育不仅关乎学生的技术使用，更影响他们未来的社会责

---

1 Baskoro G, Mariza I, Sutapa I N. Innovation to Improve Critical Thinking Skills in the Generation Z using Peeragogy as a Learning Approach and Artificial Intelligence (AI) as a Tool [J]. Jurnal Teknik Industri: Jurnal Keilmuan dan Aplikasi Teknik Industri, 2023, 25 (2): 121－130.

任感和伦理观念。

目前，部分教育机构已认识到伦理风险的严重性，在正式课程中嵌入AI伦理相关知识。在应对这一问题方面，高等教育领域已逐渐形成“技术与伦理并重”的教育趋势，通过课程设计培养负责任的AI开发者。例如，美国普林斯顿大学在其LLM相关课程中，将伦理议题作为课程的一部分，让学生在学习语言模型技术的同时，思考技术可能带来的社会影响。课程中设置了有关隐私、偏见和毒性内容的讨论环节，帮助学生在技术学习过程中掌握伦理反思的能力[1]。美国斯坦福大学在LLM技术课程中，要求学生通过真实案例研究分析AI技术的潜在危害。通过这种方法，学生不仅能够学习底层技术原理，还能深入理解技术的社会价值[2]。这种教学模式培养学生对技术伦理的敏感性，有助于学生在未来的AI开发中承担社会责任。

在基础教育阶段，一些研究者也鼓励中小学采取在现有课程中整合AI伦理知识的做法。然而，现实情况却不容乐观，除发达国家与地区进行小规模的试点外，大多数国家的中小学教育普遍面临缺乏合适的师资力量与配套资源等问题，相应的伦理知识以及与之相关的内容也过于空洞和抽象，不易于青少年掌握。美国纽约市的教育部门在ChatGPT发布后不久，通过其公立学校系统积极推广AI相关的教育。纽约市的某些中学已在课堂上通过讨论AI生成内容、分析潜在偏见与道德问题，培养学生对生成式AI的批判性思维，学生通过提出问题并评估ChatGPT生成的答案来理解AI的局限性与风险[3]。中国香港各级学校已经在AI教育中加入伦理模块，特别是在初中和高中阶段，教育局推出的AI课程涵盖基础知识、计算机视觉、AI道德等模块。部分学校，比如圣公会何明华会督中学（HKSKH Bishop Hall Secondary School），已积极应用这些教材，通过课堂讨论和角色扮演等方式，引导学生理解AI应用中的道德考量。该校设立了全港首个中学AI创新实验室，不仅教

---

1 Cohen L, Precel H, Triedman H, et al. A New Model for Weaving Responsible Computing Into Courses Across the CS Curriculum [C] //Proceedings of the 52nd ACM Technical Symposium on Computer Science Education (Virtual Event, USA) (SIGCSE' 21). Association for Computing Machinery, New York, USA, 2021: 858 - 864.

2 Princeton University. COS 597G: Ethics of AI and Large Language Models [EB/OL]. [2022 - 10 - 12]. https://www. cs. princeton. edu/courses/archive/fall22/cos597G/.

3 New York City Department of Education. The Computer Science for All (CS4ALL) initiative [EB/OL]. [2024 - 10 - 11]. https://www. cs4all. nyc/.

授 AI 的技术应用，还在课堂中通过角色扮演等方式帮助学生理解 AI 的道德考量[1]。

为有效培养学生的 AI 伦理意识，学校应采用多元化、系统化的方式将 AI 伦理教育融入日常教学中，提高学生对技术应用的责任感和社会意识。(1) 学校应将 AI 伦理教育纳入正式课程，通过系统化的教学内容帮助学生理解生成式 AI 技术的潜在伦理问题。可以通过现有的信息技术或道德课程，嵌入有关隐私、偏见、数据安全等内容，提升学生的伦理素养。(2) 学校可以采用角色扮演、分组讨论等互动式教学方法，让学生模拟不同场景中的 AI 应用，理解不同角色的责任与挑战，帮助学生更直观地感受伦理问题。(3) 通过引入现实中的 AI 伦理问题，如 AI 生成偏见、隐私泄露和毒性内容等案例，鼓励学生讨论和反思这些问题的社会影响，培养其批判性思维。

1　马炜杰. 圣公会何明华会督中学　设全港首间中学 AI Inno Lab 推广 AI 应用［EB/OL］. 香港 01，(2021－03－20)［2024－10－12］. https://www.hk01.com/article/599278.

第 7 章

人工智能时代的未来学校管理

随着自然语言处理技术的飞速发展，以 ChatGPT 为代表的大模型取得了显著突破，不仅在文本生成、问答系统中展现出卓越性能，还逐步扩展至视频、音频等多模态领域，加速推动了教育等行业的转型。本章聚焦这些前沿技术如何重塑教育管理，通过科学分析和展望，旨在为教育管理者提供新的管理思路，以期推动教育管理向更加智能化的方向发展，更好地服务于师生的全面发展，助力实现教育质量的全面提升。

7.1 国内外教育大模型的现状

国外的大模型技术起步虽然较早，但在直接用于教育场景时，不可避免地出现了专业知识缺乏等问题[1]。由此，专门面向教育领域的大模型面世，旨在重点解决教育环境中的问题。与国外由少数几家技术巨头主导的趋势不同，国内各大科技公司积极推进大模型的研发，呈现“百花齐放”态势[2]，推出了一系列具有竞争力的产品。

7.1.1 国际教育大模型

OpenAI 推出的 ChatGPT Edu，是专为高等教育场景打造的 AI 工具，旨在为学生、教职工、研究人员以及校园运营人员提供更智能、更高效的体验[3]。

---

1 Kasneci E，Seßler K，Küchemann S，et al. ChatGPT for good? On opportunities and challenges of large language models for education [J]. Learning and individual differences，2023，103：102274.

2 刘邦奇，喻彦琨，王涛，等. 人工智能教育大模型：体系架构与关键技术策略 [J]. 开放教育研究，2024，30 (05)：76－86.

3 OpenAI. ChatGPT Edu [EB/OL]. [2024－10－30]. https://openai.com/index/introducing-chatgpt-edu/.

美国教育科技公司 Chegg 与 OpenAI 合作发布的 CheggMate，创建了 AI 对话式学习伴侣，用以提高学生即时作业的准确率和效率[1]。

Merlyn Mind 公司开发的大模型依赖用户或机构选择的学术语料库，而不是来自更广泛的互联网，因而能克服生成内容幻觉和反馈不准确的情况，满足教育环境的独特隐私和安全需求[2]。

可汗学院（Khan Academy）与微软和 OpenAI 合作推出的 Khanmigo，其最大特点是引导式 AI 辅导，不仅能为学生提供个性化的学习体验，也能为教师们提供支持[3]。

7.1.2 国内教育大模型

综合来看，目前国内众多教育大模型的代表性功能是知识问答。

子曰是网易有道推出的教育领域垂直大模型，支持基于子曰大模型研发的 LLM 翻译、虚拟人口语教练、AI 作文指导与语法精讲、AI Box、文档问答等多种教育场景下的功能应用[4]。

科大讯飞推出的讯飞星火 4.0 Turbo 在数学和代码能力上表现突出。此外，讯飞星火智慧黑板、星火教师助手、星火智能批阅机等大模型赋能的教育应用产品纷纷亮相，展示了“AI+教育”的无限可能[5]。

字节跳动旗下的豆包教育品牌豆包爱学，能实时分析学习者的进度与困难并针对性提供优化建议，还具备作业批改、作文润色、知识问答等功能[6]。

---

1 Chegg Inc. Chegg [EB/OL]. [2024-10-30]. https://www.chegg.com/.

2 MERLYN MIND. About Merlyn Mind AI [EB/OL]. [2024-10-30]. https://www.merlyn.org/about.

3 Khanmigo. Khan Academy Help Center [EB/OL]. [2024-10-30]. https://support.khanacademy.org/hc/en-us/categories/24449383583757.

4 央广网. “子曰”教育大模型再现世界人工智能大会 网易有道携十余款 AI 教育黑科技集体亮相 [EB/OL]. (2024-7-5) [2024-10-30]. https://edu.cnr.cn/eduzt/2023jyzs/zxjy/20240705/t20240705_526779768.shtml.

5 讯飞 AIEd. 讯飞星火 4.0 Turbo 正式发布，创造“AI+教育”的无限可能 [EB/OL]. (2024-10-26) [2024-10-30]. https://mp.weixin.qq.com/s/Eb5GYyWWs5LCb8YrG5_ciQ.

6 豆包. 正式介绍一下豆包大家庭的这位新成员 [EB/OL]. (2024-9-14) [2024-10-30]. https://mp.weixin.qq.com/s/3gXqNII2G2y8FsvkRQ5_8w.

九章大模型作为学而思自主研发的数学大模型，专注于数学领域的解题和讲题算法，其数学解题能力功能强大，能针对适龄孩子的知识结构和认知水平进行数学问题方面的适配[1]。

7.2 人工智能在教育管理中的应用

随着人工智能技术的快速发展，教育管理领域的变革步伐越来越快。智能化排课、学生行为分析、自动化行政事务处理等 AI 应用为学校管理者提供了全新的工具，提高了管理效率和决策精准度。传统的排课方式由于依赖人工经验，常面临资源分配不合理、时间冲突等问题，而智能化系统通过分析历史数据与当前需求，能够自动生成最优排课方案。此外，学生行为与表现的预测分析为个性化教学提供了强有力的支持，使得教育干预更具针对性。自动化行政事务处理则有效减少了人力投入，提升了工作效率。在智慧校园建设中，AI 技术同样扮演着关键角色，从监控校园安全到健康管理，它们为现代学校提供了更安全、更高效的管理解决方案。

7.2.1 智能化排课与资源调度

传统的排课方式由于依赖人工经验，易导致资源分配不合理或时间冲突等问题，且效率较低。通过引入人工智能，学校可以利用算法来优化课程安排，基于历史数据和当前需求自动生成最优课程表，确保各类资源得到最佳配置与利用，最大限度地满足师生双方的需求[2]。智能排课系统能够综合考量教师的专业背景、授课偏好以及可授课时间段，自动匹配合适的班级与课程。该系统亦会考虑学生的选课意愿、已修课程情况以及必修课程要求，满足各项约束条件，生成最符合需求的课程表。

在预订学校里的实验室、会议室等共享设施时，用户常常面临时间和空间上的冲突。借助 AI 技术，可以实时监控设施的使用情况，并根据预订需求动态调整资源分配。这样既保证设施的有效利用，还能避免因过度集中使用而导致的资源紧张问题。

---

1 好未来的美校.一文教你看懂学而思九章大模型！［EB/OL］.（2024－6－7）［2024－10－30］. https://mp. weixin. qq. com/s/xw _ tdsDQ8wQcG6iascAapw.

2 Huang M, Huang H, Chen I, et al. Artificial intelligence aided course scheduling system［J］. Journal of Physics: Conference Series, 2021, 1792: 012063.

7.2.2 学生行为与表现预测分析

在技术赋能下，通过分析学生的学习行为与成绩数据预测其在特定课程上的表现，未来此功能有望在学校中实现。这项举措有助于提前识别需要额外帮助与支持的学生群体，进而采取有针对性的干预措施[1]，对于教育管理者而言有着重要意义。

人工智能系统能够分析学生的登录频率、在线学习时间、作业提交情况等指标，以此评判学生的学习态度与努力程度。若发现某学生在某一课程上的参与度降低或成绩下降，系统便会发出预警信号，提示教师适时介入。在此基础上，教师可根据系统提供的信息，为学生提供个别辅导或调整教学策略，以提升学习效果。与此同时，系统亦可为学生提供个性化学习建议[2]。基于对学生个体差异的分析，系统能够推荐最适合的学习路径与资源，协助其克服学习障碍，提高学习效率。

7.2.3 自动化行政事务处理

诸多常规行政工作如回复家长与学生的查询、处理学生申请资料、记录与更新学生档案等任务均需耗费大量人力资源。借助人工智能技术，将上述工作进行“自动化”处理，可以显著提升工作效率。

比如，聊天机器人能够全天候自动响应家长及学生的常见问题，涵盖报名流程、课程安排、成绩查询等内容。对方得到消息的速度更快，而校方工作人员的负担也能得到减轻。又如，在处理学生申请等信息繁杂的资料时，人工智能系统能够自动扫描文档，提取关键信息，并录入相应的数据库中，既有效节约时间成本，还降低数据录入错误的风险。再如，在学生档案管理方面技术也能助力，人工智能技术能够自动追踪学生的学习进展，记录重要的学术成就，并生成详尽的报告供教师参考。此类报告不仅有助于教师和家长深入了解学生的学习状态，同时也为学校管理层提供科学的决策依据。

7.2.4 智慧校园的安全与人员健康管理

人工智能技术在智慧校园的安全与健康管理领域也有广泛的应用潜力。一方面，

---

1 Khan I, Ahmad A R, Jabeur N, et al. An artificial intelligence approach to monitor student performance and devise preventive measures [J]. Smart Learning Environments, 2021, 8 (1): 1 - 18.

2 Akgun S, Greenhow C. Artificial intelligence in education: Addressing ethical challenges in K-12 settings [J]. AI and Ethics, 2022, 2: 431 - 440.

通过部署于校园内的智能监控系统，结合面部识别等先进科技手段，可以确保只有授权人员方能进入特定区域。这不仅增强了校园的安全性，也为师生营造更为安心的学习与工作环境。

另一方面，人工智能技术可用于监测学生的健康状况。特别是在传染病高发时期，系统能够预警疾病暴发风险，并协助校园医疗中心及时响应。例如，基于校园物联网建设，分析教职工、学生等的体温记录、缺勤率等数据，可以及时发现潜在健康问题并采取相应措施[1]。此外，结合技术还可用于提供个性化的健康建议，如饮食指导、运动计划等，以促进学生的身心健康发展。

7.3 未来学校管理的挑战与机遇

技术的迅速发展使得数据隐私与伦理问题日益凸显。尤其在教育领域，保障学生和教职工的敏感信息免受侵害是学校管理者的重要任务。确保个人数据安全、合法使用不仅是法律的要求，更是维护信任、促进健康教育环境的基础。

与此同时，人工智能的广泛应用正在重塑教师的角色，即从传统的知识传授者向学习引导者转变，这就要求教师应具备更高的数字素养和技术应用能力。此外，AI 的应用加速了终身学习生态系统的形成，学校作为知识的中心，需要为学生提供更加多样化、灵活的学习资源，以适应不断变化的社会需求，支持学习者实现终身成长与发展。本部分分析 AI 的应用对教育管理的影响，并提出策略建议，以期推动构建更加安全、高效、包容的教育体系。

7.3.1 技术伦理与隐私保护

随着人工智能技术在学校管理中的深入应用，如何确保学生和教职工的数据安全成为一个重要议题。学校应建立健全数据保护政策与机制，严格限制个人信息的收集、存储和使用范围，防止数据被非法获取或滥用。同时，学校管理者需重视网络安全意识培养，定期开展信息安全教育活动，提升全体师生的个人信息保护意识，确保敏感信息不被未经授权的第三方访问，有效防范信息泄露和个人隐私侵权事件

1 Souri A，Ghafour M Y，Ahmed A M. A new machine learning-based healthcare monitoring model for student's condition diagnosis in Internet of Things environment [J]. Soft Computing，2020，24 (22)：17111－17121.

的发生。在充分利用人工智能技术带来便利的同时，保障数据安全和个人隐私权。

7.3.2 教师角色的转变与专业发展

人工智能技术的应用促使教师角色发生根本性转变，教师不再仅仅是知识的传授者，而是成为学习过程的引导者与促进者。为了适应这一变化，教师需要接受系统的新技术培训，掌握如何有效运用人工智能工具来提升教学质量和效率。学校应积极鼓励和支持教师参与持续的职业发展项目活动，提升其数字素养与技术应用能力。通过定期的技术培训和专业进修，使教师能够更好地利用智能工具来设计教学活动，增强学生的学习效果。

7.3.3 构建终身学习的生态系统

在人工智能时代背景下，学习的边界已经超越传统的校园范畴。面向未来，学校有必要前瞻性地探索并构建支持终身学习的生态系统，使学习成为一个持续不断的过程。这意味着学校需要提供多样化且前沿的在线课程、虚拟实验室及其他远程教育资源，确保学生即使在毕业后也能便捷地获取最新知识与技能，以适应不断变化的社会需求。通过搭建这样一个开放且充满活力的学习平台，学校不仅能够促进个体终身学习的习惯养成，还能为社会培养兼具适应性和创新能力的未来人才。